U0751030

华文教育文化传播及建设

—— 以东南亚为中心的考察

耿虎 著

厦门大学出版社 国家一级出版社
XIAMEN UNIVERSITY PRESS 全国百佳图书出版单位

图书在版编目(CIP)数据

华文教育文化传播及建设:以东南亚为中心的考察/耿虎著.—厦门:厦门大学出版社,2018.9
ISBN 978-7-5615-6985-6

Ⅰ.①华… Ⅱ.①耿… Ⅲ.①华文教育-研究②汉语-传播学-研究③综合国力-研究-中国 Ⅳ.①G749②H1③D6

中国版本图书馆 CIP 数据核字(2018)第 112092 号

出 版 人	郑文礼
责任编辑	刘 璐
封面设计	李嘉彬
技术编辑	朱 楷
出版发行	厦门大学出版社
社　　址	厦门市软件园二期望海路 39 号
邮政编码	361008
总 编 办	0592-2182177　0592-2181406(传真)
营销中心	0592-2184458　0592-2181365
网　　址	http://www.xmupress.com
邮　　箱	xmup@xmupress.com
印　　刷	虎彩印艺股份有限公司

开本	720 mm×1 000 mm　1/16
印张	10.75
插页	1
字数	164 千字
版次	2018 年 9 月第 1 版
印次	2018 年 9 月第 1 次印刷
定价	45.00 元

本书如有印装质量问题请直接寄承印厂调换

厦门大学出版社
微信二维码

厦门大学出版社
微博二维码

前　言

　　海外华文教育是华侨华人在海外兴办的民族语言文化教育。这一教育如从 17 世纪晚期在印度尼西亚出现的有文字记载的义学书院算起，距今已有三百多年的历史；如从 19 世纪末在日本出现的近代正规学校算起，距今也已有一百多年的历史。海外华文教育以华文学校办学为主要支撑，在漫长的发展历程中，华校办学虽时有起伏，其间也曾经历过由旧式学校向新式学校、由华侨教育向华人教育的重大转变，但作为海外中华民族的民族教育形式，它对传承和传播中华文化、促进海外中华民族认同、增进中外教育文化交流发挥了重要作用，是当之无愧的海外中华民族社会的"三大支柱"之一。而就其所处的外部环境而言，在悠久的发展历程中，无论是作为中国教育体系一部分的华侨教育还是作为所在国教育体系一部分的华人教育，都常常受到来自当地的种种打压和限制，发展过程充满艰辛与困苦。

　　20 世纪 80 年代以来，中国迎来改革开放新时期，伴随着中国综合国力的增强和国际地位的提高，"汉语热"和"中华文化热"在世界各地普遍升温，世界上许多国家的语言文化政策日渐宽松和多元，海外华文学校办学环境不断改善，这为海外华文教育发展创造了前所未有的历史机遇。这一新机遇在进入 21 世纪后，表现得愈益明显：一方面受国内外形势的影响，海外华文教育不断出现新情况和新变化，其时代特征进一步显现；另一方面，伴随着中国国家软实力构建战略的提出，海外华文教育不仅具有海外中华民族语言文化教育的一般意义，而且还有了更为重要的资源意义。一方面海外华文教育办学以传承民族语言文化为根本宗旨和特征，长期以来受到了祖（籍）国的大力支持和帮助，祖（籍）国始终是海外华文学校办学的坚定依托和坚强后盾；另一方面，在长期的办学实践中，海外华文教育作为所在国教育的一部分深深扎根于当地社会，打下了汉语

和中华文化走向世界的坚实基础,也积累了与其他语言对话交流、与其他文化和谐共生的丰富经验,这对汉语和中华文化的世界传播甚为宝贵。由此,站在新的历史起点上,在中国软实力构建的大背景下,统揽海内外两个大局,整合一切可以整合的相关力量,将海外华文教育建设好、发展好,就显得尤为重要和迫切。这不仅可以促进海外华文教育全面提高办学质量以更好地服务海外华族社会及当地社会,而且可以通过其凝聚力、吸引力和影响力,扩大汉语和中华文化的辐射面,为中国国家软实力构建做出应有贡献。

本书立足 21 世纪以来华文教育的发展,以"华文教育文化传播及建设"为题展开研究,既将华文教育文化传播置于海外华侨华人社会文化传播的大背景下加以考察,以传播载体和传播体系区分、统观之,又着眼于传播力的提升对华文教育的自身建设提出有针对性的看法、建议;同时联系 21 世纪以来中国在海外设立与华文学校办学相近的孔子学院,对两者的异同和合作做出探讨,以期通过两者的联手共同助力于各自的发展和中国国家软实力构建。中国政府向来关心、重视、支持包括华文教育在内的华侨华人社会文化建设和文化传播,21 世纪以来伴随着许多重大侨务举措的出台和专门文化活动的开展,不仅为华文教育发展注入了活力,而且有力地推动了国家软实力的构建。东南亚是华侨华人的传统聚居区,其华文教育的发展历程完整,华侨华人的文化传播载体丰富,文化传播体系堪称完备,因此本书的研究考察以这一典型地区为中心展开。

笔者曾于 2009 年和 2011 年两次有幸承担国务院侨务办公室的课题研究,本书即以两项课题研究成果和笔者其他相关论文为基础而撰成的。在此感谢国务院侨务办公室领导、专家的信任、指导和支持!感谢厦门大学出版社宋文艳总编辑对本书出版的关心及刘璐编辑所付出的辛劳!

限于学识和水平,本书所论尚为肤浅和概括,在资料使用上也欠实证、充实和鲜活,望海内外专家、同人多多批评指正。

耿 虎

2018 年 3 月 22 日于厦门大学

CONTENTS

目　录

第一章　华侨华人社会的文化传播

中国人移居海外的历史甚早,远在先秦时代就已有先民涉足海外,定居生活。此后经汉唐丝绸之路、明代郑和下西洋等带动,海外移民人数进一步增加。鸦片战争后,随着西方列强东方殖民体系的建立和北美地区的开发,大批华人"自愿"出洋谋生,或被掳掠出国去做华工,遂揭开了近现代史上华侨华人大规模移居海外的历史序幕。在此之后,海外中华民族侨民的人数虽时有不同,但移居的步伐始终未曾停歇。及至目前,据不完全统计,海外至少有 6000 多万华侨华人,分布在近200 个国家和地区[①],这在世界移民史上是蔚为壮观的独特景象。

伴随着海外华族移民的出现,中华文化也开始了其海外传播历程。而支撑这种传播的,正是长期以来以华侨华人为基础形成的多媒介、多渠道的文化传播载体。它们之间相互配合,彼此呼应,构成了中华文化在海外的传播体系。正是因为有了这一体系,中华文化的对外传播才正如其发展历程一样,不仅没有中断,而且源远流长,连绵不绝。理清这一体系是至关重要的,它不仅可以帮助我们更为深入地认识不同文化传播载体在传播中的作用及其相互关系,而且可以帮助我们更为准确地把握中华文化对外传播的全景及其发展趋势,从而进一步做好新时代的中华文化对外传播工作。

---

① 裘援平.振兴华文教育事业　助力中华民族复兴——《世界华文教育年鉴》序言[M]//贾益民.世界华文教育年鉴(2017).北京:社会科学文献出版社,2017:1.

第一节　传播载体及其文化传播

　　海外华族社会的文化传播纷繁多样,但当我们沿着华族社会的形成发展轨迹,以人的活动为基本考察点,则可发现承载这些纷繁多样文化传播的有四大载体,即华侨华人、华族社团、华文传媒和华文教育。它们各以自身的特点开展文化传播,既体现出文化传播的连续性,又反映出文化传播的扩展与深化。

一、华侨华人与中华文化传播

　　人是文化的创造者,也是文化的传播者。一切文化的传播都离不开人的活动,而在文化传播的载体中,人是最基础的载体。因此,探讨中华文化的对外传播,必须从中国的海外移民谈起。中国人移民至东南亚的历史甚早,远在汉代就已有中国人来此定居生活。此后经唐代海上丝绸之路、明代郑和下西洋,中华民族移民人数进一步增加。鸦片战争后,随着西方列强东方殖民体系的建立,大批华工被掳掠到东南亚,使这一地区的中华民族移民人数成规模地陡增。在大批中华民族移民的基础上,东南亚华侨社会逐渐形成。及至 20 世纪 50 年代中期,殖民统治体系土崩瓦解,东南亚各国纷纷独立,由中华民族移民所形成的华侨社会也逐渐转入华人社会,华族社会完成了其前所未有的历史变革和社会转型。而据2009 年的估算,东南亚华侨华人总数约 3348.6 万,约占东南亚总人口的6%,约占全球 4543 万华侨华人的 73.5%[①]。东南亚已成为海外华侨华人聚居最为集中、分布最为广泛的地区。

　　伴随着大批中华民族移民的到来,中华文化也开始了其东南亚传播历程。而这种传播首先是从中华民族移民的个体活动展开的。在不同的历史时期,中华民族侨民移居东南亚的原因虽不尽相同(或为谋生,或为

---

　　① 庄国土.东南亚华侨华人数量的新估算[J].厦门大学学报(哲学社会科学版),2009(3):62-69.

逃难,或为投亲等),移居之后所从事的工作也不尽一致(或当苦力,或经商,或开工厂等),但初到移居地,生存是每位侨民所面临的首要问题。为生存而奔波苦斗是他们最初的必然选择,也是他们个体活动的共同特征。在生计问题困扰之下的侨民个体活动是目标较为专注和单一的求生活动,其内容多与经济事项有关。这些活动不仅解决了中华民族移民自身的生存问题,而且也为移居地的经济发展带来了生机,历史上"南洋"地区的开发及之后的经济发展,都与中华民族移民的贡献分不开。但全面考察中华民族移民的最初个体活动,在充分肯定其经济价值与意义的同时,也不能抹杀其文化成分。伴随着中华民族移民经济活动的展开,中华文化也随之传播。我们知道,在文明时代,完全意义上的纯粹的个人是不存在的,人的社会性决定了他的文化性。人迹所至,正是这种文化的到来之时。移居东南亚的中华民族移民,来自中华社会,虽然他们移居的原因不一,从事的工作也多种多样,但其身体中奔涌着共同的中华血脉,积淀着浓厚的中华文化情结。这份民族文化情结不仅是他们自身存在的根本特征所在,而且是他们自发传播中华文化的内在动因。在这种情结支配之下的人的活动,无不表现出其特定的文化色彩和文化意义。从表面上看,是单纯的人与人的交往、人对事的处理,但其中反映出人的思想观念、价值判断、处世方式及行为模式等丰富的文化内容。因此中华民族移民的个体谋生活动即中华文化的传播活动。与其他文化传播载体相比,通过人的个体谋生活动所进行的文化传播只不过更加隐蔽罢了。不以传播文化为目的但在活动中不自觉地展现了某种文化,这种自发性正是移民社会初期个体文化传播的一大特点。

在个体移民的基础上又形成了中华民族家庭。家庭是社会的最小细胞,也是文化传播的基本单位。中华文化向来重视家庭的作用,中华民族家庭也在实际生活中传承着中华文化:从内容上讲,由于家庭活动主要是日常生活活动,故与日常生活有关的那些具体的、实际的文化内容,如伦理道德、为人处世、待人接物、衣食住行以及生活习俗等就成为家庭文化传播的主要内容;从方式上讲,一个家庭就是一个传承单位,传承的实现主要是靠长辈对晚辈的言传身教以及家庭习惯的养成来完成,家庭与家庭之间虽也相互影响,但家庭内部的文化传承明显强于家庭外部的文化

影响。家庭生活,事无巨细而又琐碎繁杂,小到柴米油盐,大到子女教育、生老病死,各个方面都有其具体做法和要求,在这些做法和要求背后反映出一个民族的观念、意识与信仰。

"小聚居,大杂居"是一般移民的分布特点,也是东南亚中华民族移民的分布规律。华侨华人移居东南亚,虽受同族、同乡等因素的影响而易聚居一地(如各种宗亲会、同乡会等),但从东南亚整个地域范围来讲,他们的分布又极为广泛。举东南亚十国之地,都有华侨华人的居住。这种在"小聚居"之下形成的"大杂居",其实在移民到来的初期即已初现端倪,它不仅为华侨华人自身(个体和家庭)的文化传播提供了广阔空间,也深刻地影响到此后中华文化在这一地区的传播和发展。迄今为止,中华文化之所以能在东南亚形成较大的影响,成为当地多元文化中的重要一元,不能不说与移民活动最初奠定的这种分布的广泛性有着密切的关系。

二、华族社团与中华文化传播

随着华族移民人数的增多和生活地域的拓展,华族社团遍及华侨华人聚居地。这是海外中华民族社会发展的一个重要阶段。由个体走向集体,由分散走向联合,既是海外华族社会发展的必然趋势,也是民族意识开始觉醒的一个重要标志。在海外华族社会形成初期,华侨华人置身异国他乡,由于势单力薄,常处于一种孤独无援的境地,不仅自身的生存压力大、发展空间小,而且作为少数民族还常受到种种不平等待遇,甚者为当地人所欺辱。从华族自身来讲,要想走出弱势群体的困境,谋求更大的发展,就必须团结起来,联合起来。正是在这一基础上,作为整合华族力量的社团组织出现了,这意味着华族移民社会化进程进入了一个新阶段。

社团的成立,无论是血缘性的,还是行业性、地缘性的,通过沟通信息,维护的自然是本社团成员的利益,其服务功能主要体现在成立的宗旨之中。但作为一种社会性的组织,华族社团在践行各自宗旨的同时,对中华文化的传播也发挥了重要作用:

第一,整合华族力量,服务华族社会。力量的整合既要靠组织协调,也依赖人们的观念意识,它既受现实利益的驱使,也是文化影响的结果。有了华族社团的组织领导,过去分散的华侨华人个体终于团结到了一起,并形成了规模化的力量。正是在这一力量的关照下,华族移民的生存条件与生存环境才得到较大的改善,旧侨可以在过去的基础上安居乐业,新侨也不必为一时的生计问题而奔波无措;正是在这一力量的领导下,华族社会才有可能在政治上与当地政府交涉,谋求自己的正当权利与合法地位;也正是在这一力量的呵护下,华族经济才逐渐成长壮大,并日益走上良性发展轨道;仍然是在这一力量的作用下,才有可能兴办华族文化教育事业,为华族社会及子孙后代的长远利益而谋划。总之,中华民族社团的成立,不仅在物质上也在精神上为华族移民提供了切实而有力的帮助,受益者不只限于侨民个人,而是同时惠及整个华族社会。

第二,兴办民族文化事业,建立海外中华民族文化圈,使中华文化的传播由分散走向合流。社团组织建立之后,华族力量得以凝聚,从此可以借助集体的智慧和力量来兴办各种富有浓郁民族色彩的文化事业,为民族文化的传播注入了活力。小到民间戏曲,大到节日习俗,各项活动从形式到内容无不表现出浓浓的民族气氛和民族情趣。它重新唤醒了人们的民族意识和民族感情,使身处异地的华族民众再次体验到那份久违了的乡音民情,重新走回中华传统的民族文化圈。在华人聚居、华商聚集之地普遍出现的"唐人街"正是这一民族文化圈的集中代表。每当中华民族传统节日,商品琳琅满目,路上车水马龙,处处张灯结彩,欢庆通宵达旦,"唐人街"的民族喜庆氛围和热闹景象不仅不亚于中国国内大城市的繁华街市,而且由于有了当地族外人士的参与,更增添了普天同庆的世界性色彩。海外中华民族文化圈的建立,对于中华文化的传播无疑具有重大意义。在这个圈内,通过各项文化事业的兴办和各项文化活动的开展,中华民族风采得以集中展现。借助这一展现,既使海外华侨华人的观念、行为得以回归与重新定位,拨正了民族文化在海外的发展方向,同时涓涓细流的汇聚也使中华文化在海外的传播走向了合流,增强了文化的影响力。随着社团组织的发展壮大,中华文化对圈外的辐射力也必将越来越强。

第三,参与当地经济文化建设,使中华文化成为当地多元文化的重要一元。华族社团的建立是民族凝聚力的彰显,在这种凝聚力之下的民族发展与当地社会的发展是分不开的。这其中在社团扶持下日益壮大的华族经济又特别引人关注。不管承认与否,华侨华人不仅在历史上曾为东南亚地区的经济开发做出过不可磨灭的贡献,而且即使是在当代,这一地区的华人经济仍"可作为华人经济在发展中国家占有重要地位的典型代表……并在当地国国民经济中举足轻重"①。这无疑以鲜活的事实充分证明了华族经济背后的中华文化的巨大价值。这说明当地经济的振兴、社会的进步少不了也离不开它的参与,中华文化业已成为当地社会多元文化中的重要一元。

三、华文传媒与中华文化传播

海外华文传媒,包括在海外创办的各种华文报刊、广播、电视以及电子媒介等。它的创办既是华族经济实力壮大的一种表现,同时也反映了华族社会文化发展的客观要求。社会生活离不开信息传播,华文传媒作为各类信息的综合集成载体,与普通民众的日常生活密切相关。从最初单纯服务华族社团,到服务华族社会,再到服务当地社会乃至整个国家,伴随着时代的发展,华文传媒的服务面越来越广,影响力越来越大,其在社会舆论中的地位也越来越重要。东南亚是世界华文传媒的发源地和主体所在,其华文传媒不仅历史悠久,种类繁多,对当地社会各方面的影响和作用更是不容小觑。

华文传媒既以"华文"为特征,不仅本身即中华文化的一部分,传播中华文化更是其不容推卸的神圣职责、媒体责任。故此华文媒体中的中华文化传播,真可谓丰富多彩、斑斓多姿。在此仅以创办时间最早、目前仍占华文传媒主体的华文报刊为例,略述于下:

首先,作为传媒载体,华文报刊以其信息量大、受众面广、时效性强的特点,充分而又及时地反映了华族社会生活。人们既可以此为阵地自由发表见解,又可以此为平台广泛交流信息。作为华人社会的喉舌和窗口,它贴近华族,贴近社会,既严肃又活泼,形式不拘一格,内容多种多样;方寸之地,尺幅千里,贤与不肖,雅俗共赏,所以能广为流行,广受欢迎。可以说,报刊媒体的创建,正是在媒体与受众之间、在族群与社会之间搭起了一座方便沟通的桥梁,从而为文化传播找到了一条大众化的传播途径。

---

① 李明欢.当代海外华人社团研究[M].厦门:厦门大学出版社,1995:117.

其次,就其内容而言,则是综合性的文化载体。由于华文报刊是对华族社会各方面信息的一种全方位、多角度传播,其信息资源之丰富,可谓包罗社会万象,举凡政治、经济、文艺、社会福利以及民间生计等无不错杂其间,琳琅满目。就文化方面而言,更是开辟专门栏目对中华文化多有介绍。小到花鸟虫鱼,大到科技发明,远到文物古迹,近到时髦穿戴,情趣与理趣交合,物质与精神杂糅,真可谓纵横古今,多方荟萃,穷情写物,精彩纷呈。文化的通俗性与趣味性在此体现得淋漓尽致。

最后,华文报刊的出版发行,还为海外中华民族社会培养了一大批具有中华文化修养的知识分子和文化工作者。他们以推介华文为专门职业,从事各种文化活动和文艺创作。专业文化队伍的出现,无疑为中华文化的传播增添了新的力量,也预示着中华民族社会的文化建设将会有新的发展。

四、华文教育与中华文化传播

华文教育是在海外创办的具有中华民族特色的知识教育体系。它不仅有学校这一正规的组织形式,而且有科学严密的教学计划,同时还有学科分工明确的专业师资队伍。目的的明确性,组织的严密性,再加上师资队伍的专业性,这一切都使它较以往的各种文化传播渠道更为系统、专门和深入。可以说,它的兴起与发展已使中华文化传播走上了更为正规的集约化经营与发展之路。

华文教育的兴起,与海外华侨华人长期以来谋求社会地位的提高、经济实力的壮大分不开。而它又是在中华民族社团和中华民族企业的资助扶植下,在所在国多元文化背景中诞生的。华文教育起源于华侨家庭私塾教育,起初多是由父母来承担对子女的教育,后来随着经济的宽裕,开始雇请教师对子女进行专门的知识教育。私塾教育从识字开始,兼及文物地理,其教育内容的民族性虽较为纯正,但其涉猎领域和教学对象的覆盖面毕竟有限。随着时代的发展和中华民族自身经济的逐步壮大,在中华民族社团和企业的支持下,正规的学校遂得以建立。起先是地域、族亲社团兴办小型华文学校或夜校,后来逐渐发展为全日制的社会学校。华文学校作为中华民族子弟的专门教育机构,其教学内容以课程为依托,在

重点教授华文的同时，还开设数理化、史地生等多样化的课程；在学历层次上也做了适当的区分，从小学到中学，从初级到高级，基础教育体系基本具备。就华文学校教育开展得比较好的马来西亚而言，其教育的基本情况与中国国内的普通中小学大体上一致。

正规华文学校教育从无到有，从小到大，走过了一段相当艰难曲折的路。在华文学校建立之初，由于受华人社会财团的财力限制，不仅办学经费有限，教学设备、教学资料短缺，而且教师队伍也难有正规训练，水平参差不齐，业余兼职普遍。此外，由于受到所在国政府单元文化政策的歧视打压，华文学校的发展时好时坏，波动起伏较大。但不管怎样，发展华文教育毕竟是华侨华人正当的民族权利，也是他们矢志追求的民族事业，在华文教育发展史上曾有无数先贤为此做出了巨大牺牲，乃至献出宝贵生命，其所表现出的民族奋争和重教精神，甚为崇高和感人。今天的华文教育，在中国日益崛起和世界"汉语热"普遍升温的大背景下，其办学环境虽出现了一些新的改观，但依然面临着经费、教材、师资等方面的不少困难和问题。另外，所在国政府的歧视压制政策也并未完全取消，海外华族民族教育权益的保障依然任重而道远。尽管如此，我们仍然有理由相信，几经磨难的华文教育既然能够顶住巨大的压力从困境中诞生，并坚持走到今天，它也一定能够战胜目前前进道路上的种种困难，迎来更加美好的明天。

受华族社会发展的影响，特别是华侨社会转为华人社会之后，华文教育自身的民族性质虽然没有改变，但其办学确已发生了较大的变化：就办学形式而言，由过去较为完备的学校形式，到目前多以补习学校、业余学校、三语学校的形式出现；就教育对象而言，由最初完全的华侨华人子弟，到目前以华裔子弟（第三、四代）为主，同时兼有非华裔子弟；就教育目的而言，由最初单纯培养华族人才，到现在培养具有中华气质的所在国公民；就教育与所在国的关系而言，由最初华族内部之事，到目前力争社会认可，以更好地融入所在国国民教育体系；就教育内容而言，由最初较为完备的中华文化知识科目、完全的华语媒介语教学，到现在当地语教学或双语教学，更有甚者华语仅是其中的一门科目而已，等等。应当说以上变化，其中虽不乏对中华文化传承削弱的成分，但许多也适应了时代和社会发展要求,符合华文教育目前的发展方向,故其中华文化传播传承的意义仍然具备。

在此有必要对华文教育办学的嬗变及其文化传播意义再多说几句。作为在海外兴办的华文教育,实际上从其诞生的那一天起,就肩负着传承中华文化和传播中华文化两项重任。前者指的是在本族之内,通过民族语言文化教育以实现民族自身的世代文化传承;后者指的是在华族之外,通过华文教育办学以扩大中华文化在当地社会中的影响。在华侨教育阶段,华文学校的民族办学形式典型而完备,教育内容围绕着汉语和中华文化而展开,集中又专门,民族文化传承得以很好地实现。但客观地讲,其时的华文学校办学也相对封闭,孤悬异域且独立于当地国民教育体系之外,故民族文化在族外的传播力和影响力十分有限。进入华人教育阶段后,华文学校多被所在国政府以民族歧视的眼光所改造,发展充满艰辛,但也应当看到华文学校在被改变的同时也注入了一些新的成分,如:一方面华文教育的内容被严重削弱了,但另一方面一些华文学校的学生种类也比以前增多了,除了华裔学生外,也有外族学生加入。如马来西亚,政府在错误的民族政策下对华文学校加以改制的同时,也"多方鼓励非中华民族学习华文,研习中华文化。目前,计有 32000 多名马来族、印度族学生在华文小学就读。政府也准备在国民小学开办华文班"①。从民族文化的传播角度而言,这无疑又是过去华侨教育时所难以做到的。我们关注华文教育当然更重视的还是其民族教育(亦即文化传承)功能,正是在这一意义上,我们对华文教育日渐成为华文教学而感到无比忧虑和担心,但从长远来看,华文教育的存在和发展也离不开所在国的社会基础,文化传播之于民族教育应是相辅相成的。认识及此,在目前的情况下,我们就应适时做好华文教育的文化传播工作,相信伴随着华文教育社会影响力的日益显现,其民族教育功能也必将有新的回归。

---

① 林国安,莫泰熙.当前马来西亚华文教育发展的若干思考[J].华侨华人历史研究,1996(3):36-45.

第二节　传播体系的功用及评估

文化传播借助文化传播载体而展开,中华文化在向东南亚的传播中,以上述文化载体为依托,构建出了华侨华人的文化传播体系。这一体系既是中华文化在海外中华民族中的传承平台,也是中华文化走向世界的传播平台。它既起到了维系中华民族共有精神家园的纽带作用,也起到了沟通中外文化交流、促进世界文化发展的桥梁作用。就体系自身来讲,其作用可从以下两个方面加以考察:

一、四大载体各具特点和优势,都在文化传播中发挥了重要作用

(一)华侨华人的自发性继承与传播

由华侨华人的文化传播可以看出,无论是个体活动还是家庭生活,其文化传播均表现出自发性的特点。这一特点既是与生俱来的,也是与日常生活相伴的。就个体文化传播而言,前文曾指出,不以传播文化为目的但在活动中不自觉地展现了某种文化,这种自发性正是移民社会初期个体文化传播的一大特点。就家庭文化传播而言,其文化传播随日常生活而自然展开,文化传播因素潜藏于家庭事务之中,于不自觉中形成反映某种文化特色的家风。以上文化传播虽是自发的,但它是中华民族社会最初必不可少的文化传播。个体文化传播在传播内容上虽表现出一定的零碎性与个别性,即由此所反映出来的文化多体现传播者个人的精神风貌,在完整的文化领域中只是一些具体的方面而已,但透过这些零碎的表象,我们仍能领略其民族文化的一些共性成分。家庭文化传播的内容虽主要集中在与家庭生活有关的方面,其影响也往往仅及于家庭成员之间,但在其中居于主体地位的家庭教育,文化传承意义却不容小觑。在正规的华文学校教育出现以前,家庭教育不仅承担了对子女的伦理道德教育,而且承担了对子女的文化知识教育。由于家庭教育有关子女的成长和文化的世代传承,所以它所负载的文化传承使命,纵向的意义远远大于横向的意

义。应当看到,中华民族的家庭教育是成功的,对社会的贡献也是巨大的。无论是对中华传统美德的继承,还是各类人才的大量涌现,无论是华人经济的崛起,还是华文教育事业的兴办,无不与中华民族的家庭教育有着密切关系。可以说以家庭教育为代表的华侨华人自身文化传播在整个中华民族社会文化传播中具有最为基础性的意义。

(二)华族社团的整合性社会文化传播

由华族社团的文化传播可以看出,作为一种社会性组织,华族社团正是借助了对华族力量的整合而使文化传播走上了社会化发展道路。而文化的社会化传播在扩大其覆盖面的同时,也提升了文化的影响力,这其中既包括中华民族自身,也涉及当地社会,故文化传播的目的、文化交流的意义愈益显现。社团组织作为社会活动开展的重要组织力量,它在社会生活中所处的地位、所起的作用是其他力量所无可取代的。这也决定了其所肩负的文化传播使命,意义深远而重大。因此,做好社团的自身建设、实现不同社团之间的相互团结,对于促进文化的更好传播就显得尤为重要。这就需要社团组织的领导者们在社团活动的筹划上,不仅要照顾局部利益,也要考虑整体利益,不仅要着眼目前,也要谋划长远,只有将社团自身与整个中华民族联系起来,将物质追求与精神建设统一起来,才能在团结中实现共推,在合作中实现双赢。也只有这样,才能做到整个华族力量的整合,从而实现真正意义上的社会传播。

(三)华文传媒的通俗性大众文化传播

由华文传媒的文化传播可以看出,华文传媒作为各类信息的综合集成平台,正是利用了其传播速度快、覆盖面广、容量大的媒介特点,而使文化中那些贴近社会、贴近实际的内容以民众喜闻乐见的形式广为传播。所以它是一种通俗性的大众文化传播。文必通俗方传远,文化传播也一样,不仅应有通俗的内容,而且应有通俗的形式,唯有通俗才能拉近文化与民众之间的距离,也唯有通俗才能使文化真正为民众所掌握并进而扩大其传播的社会基础。而华文传媒的创办,正是以其较好的通俗性,通过媒体与读者的沟通,实现了文化与民众的结合。因此它又是一条成功的文化传播之路,并为文化的大规模社会传播奠定了基础。在此还需指出的是,华文传媒在进行通俗性文化传播的同时,其实仍不失作为主流文化严肃而高尚的一面。高举爱国旗帜,弘扬民族精神,促进社会进步,仍是其文化传播的主旨所在。如许多华文报刊在华侨阶段创办时即开宗明义地写明"出于爱国心⋯⋯'以开启华人社会风气,推广文化活动;同时表示华人社会不落人后'"①,在实际办刊中更是常在醒目的位置连续刊登大量高质量的述论社评,以集中介绍中国优秀传统价值观、道德观,借此针砭时弊,促进华族和当地社会风气建设。可见,华文传媒虽以其鲜明的通俗性大众文化传播而行诸世,但这并不等于说它已失去了民族文化的核心价值和对当地文化建设的借鉴意义,更不能错误地把它排除在主流文化之外。相反,正是因为走了一条大众化的传播之路,严肃的主题与通俗的内容才得以巧妙地融合,起到了寓教于乐之效。在文化传播载体中,华文传媒的这一特点往往是其他载体所不具备的。

(四)华文教育的智能性专门文化传播

由华文教育的文化传播可以看出,作为集中传授汉语和中华文化知识的教育机构,华文教育所实现的是一种智能性专门文化传播。所谓智能性,指的是传播内容的知识性;所谓专门,指的是教育这一实现方式。文化内容,知识为主;千秋大业,人才为重。华文教育正是通过培养掌握知识的人才,不但使海外中华民族事业后继有人,而且使中华文化的传播代代相承。而随着华文教育的发展,其谋求的也已不仅仅是在本民族之内的发展,而是更多地争取所在国国民教育的认同,这势必又会进一步扩大中华文化对当地主流社会的影响。因此可以这样认为,作为载体,华文教育正是抓住了文化传播的根本和关键。由华文教育所实现的文化传播,无论是就其内容来讲,还是就其实现途径以及影响来讲,其他文化传播载体恐都难以与之比肩。其文化含量之大,质量之高,传播之专门、系统,影响之深远,均足以使其在中华文化传播中独领风骚。人们常说,有海水的地方就有华人,有华人的地方就有华文教育。这既反映出华文教育之于中华文化传承传播的重要性,同时也意味着海外中华民族的文化

---

① 程曼丽.海外华文传媒研究[M].北京:新华出版社,2001:37.

传播自移民活动开始而至华文教育兴办，其文化传播体系终于得以完整构建。

　　由上可知，共同致力于中华文化传播的四大载体，由于其文化传播的实现方式不同，涉及面也各有侧重，故在文化传播中所发挥的作用不尽一致，各自所处的地位自然也就有所区别。总括而言，华族是基础，社团是依靠，传媒是平台，华教是关键。不过，作用之不同，地位之差异，却并无轻重之分、优劣之别。各个载体都是整个文化传播体系中不可或缺的一部分，也都利用了其自身优势，以独特的方式对中华文化的传播做出了重要贡献。

二、体系的整体运作，既为文化传播提供了强大支撑，也促进了中外文化交流

　　首先，四大载体既各自独立，又相互关联，共同统一于中华文化传播的实践中，不同载体的共同运作、相互影响，不仅推进了文化传播实践的发展，而且还在实践中孕育出许多新的文化传播样式和形式。在这方面，海外华文文学的出现就是典型的例证。海外华文文学既有着浓郁的中华文化内涵，又有着鲜明的海外华族特色，从其发展历程上看，许多作品继承了中国"五四"新文学以来的发展路径，集中反映了海外华人的艰辛奋斗历程和精神风貌，特别是写出了华人底层民众的苦难与抗争；在创作方式上，无论是语言、结构，还是创作技巧、艺术风格，既深受中国文学作品的影响，同时又有反映海外地域特点的变革和创新。它的出现，不仅丰富了华人文化宝库，而且也是世界文学中的一朵奇葩。而华文文学之所以能够出现，却是整个海外华族社会文化氛围共同孕育的结果。其中既有着华族家庭的影响，也有着华文学校的教育，既离不开华人社团的推动，也离不开华文媒体的扶持。华文文学的成长来自不同文化传播载体的共同呵护，而它在诞生之后，也以其富有的文化含量成为中华文化传播的重要渠道，使文化传播的样式和形式更为丰富。

　　其次，传播载体的丰富，手段方式的多样，正是中华文化在对外传播中基于华族移民活动而孕育出来的独特的传播体系。从移民的基本活动，到移民的社会活动，再到移民较为专门的文化活动，随着移民活动范

围的扩大、层次的提高,文化传播的面也在不断拓展,影响也越来越大。从世界范围来看,移民现象虽甚普遍,但像华族这样与祖(籍)国有着牢固深厚感情,为中华文化传播而不遗余力,并精心培育出其完整传播体系的却并不多见。这既是中华文化养育的结果,也是中华儿女应有的回报。中华文化博大精深,源远流长,华侨华人文化传播体系同样载体丰富,方式多样。这一体系之于所要传播的文化,真可谓非其不足以成其事,非其不足以竟其功。由于有了这一体系的强大支撑,源远流长的中华文化不仅很早就跨出国门,走向了世界,而且在海外还构筑起了展示自己的多样平台;由于有了这一体系的有力传播,博大精深的中华文化在为海外华夏儿女提供强大精神支撑的同时,其丰富的内涵、巨大的价值也逐渐为当地社会所认识,成为所在国多元文化建设中的重要一元,并为当地社会的发展做出了重要贡献。

最后,还要看到,华侨华人广布全世界,就文化传播而言,其他地区的中华民族文化传播虽不一定像东南亚地区这样载体丰富、体系完备,但同样也开展有序,声势不减。若从世界范围内来讲,从中外文化交流的视角去看,华侨华人的文化传播无疑处于中外文化交流、交锋、交融的最前沿,它的情况不仅直接代表着种种交汇的最新成果,而且也直观地反映出种种交汇的最新进展。关注华侨华人文化传播,我们就能更为准确地把握中外文化碰撞的脉搏,从而可以更为有力地做好推动世界文化繁荣与发展的工作。中华文化既是世界上硕果仅存的连续性文化,也是与时俱进、开新创变、富有生机和活力的文化,它不仅是中华民族的智慧结晶,也是世界文明的重要成果。推动它的传播,无论对中国还是对世界都意义深远,影响重大。而作为沟通中外、架设起文化交流之桥的华侨华人,不仅肩负着光荣的使命与责任,而且也以其卓有成效的文化传播工作为这一崇高事业做出了伟大贡献。

第二章　华文教育及其发展

　　海外华文教育是华侨华人在海外兴办的民族语言文化教育。对海外华文教育内涵的理解牵扯到几组概念的辨析,对其历史分期的考察目前学界的看法也不甚一致。而基于对内涵和历史分期的理解和认识,我们才能合理把握华文教育的新发展。

第一节　华文教育的内涵及历史分期

一、有关内涵理解的几组概念

　　对任何事物的考察都应从其基本内涵入手。华文教育由来已久,作为华侨华人在海外兴办的民族语言文化教育,其定义本来有着明确的适用范围,但由于海外华族社会有一个由华侨到华人的转变,加之对外汉语教学、世界汉语教学的开展,故在华文教育的理解上仍存不少歧义,有必要再作进一步说明。

　　第一,华文教育与华侨教育、华人教育的关系。这是华文教育自身发展中所出现的一组概念。华文教育依托海外华族社会而存在,由于海外华族社会经历了一个由华侨社会向华人社会的转变,华文教育相应地也可分为华侨教育和华人教育两个阶段。两者在办学的民族性上虽是一致的,但在办学性质、教育目的、教学内容及其实现方式上还是存在着较大的差异。前者属于中国侨民教育,是中国国内教育在海外的延伸,其教育目的是培养爱国的中国公民,其教学内容围绕着人的全面发展而开展,教学媒介语为单一的华语;而后者则属于所在国教育的一部分,教育目的是培养有中华气质的当地公民,教学内容中的民族特性部分主要由华语课程来体现,教学媒介语则多以当地语或英语为主(但也有学校如马来西亚"华文独中"仍以华语为教学媒介语)。正是鉴于以上华侨教育与华人教育的不同,有学者主张华文教育应是指华人阶段的教育,而不包括华侨教育。这样的区分虽有一定道理,也体现了不同阶段在办学上存在的差异,但忽视了两阶段办学的统一性,亦即无论是华侨教育还是华人教育,均依托于海外华族社会而存在,其教育的民族性是一致的。如此而言,以华文教育来统辖华侨教育和华人教育,更有利于完整认识华文教育,同时也容易反映其一脉相承的历史发展轨迹,就历史分期来说,也更为方便和清晰。通观目前对海外华文教育历史分期的考察,实际上也无不包含华侨教育的内容,并以此为华文教育的起点。故此,以华文教育的视野来看待华侨教育和华人教育,较之将华侨教育和华文教育并列的做法,不仅有其道理,也有其方便之处。

第二,华文教育与对外汉语教学、世界汉语教学的关系。这是与华文教育密切相关的一组概念。由上文可以看出,华文教育之所以以单独概念出现,有其特定的内涵。它既与华侨华人及其子弟有关,同时也与汉语及中华文化的传承、传播有关。由于共同涉及汉语与中华文化教学,华文教育与中国对外开展的汉语教学、世界各国开展的汉语教学常被绞在一起。虽然"汉语""华语""华文""中文"等概念在海外常常混用,在实际教学中华裔与非华裔学生也不可能截然分开,但作为学术研究来讲,还是应该对不同概念的特定内涵有一个清晰的认识和把握。有论者或是将对外国人的汉语教学、国外主流学校所开展的汉语教学统统纳入华文教育之列,或是将华文教育简单等同于对外汉语教学或世界汉语教学,这些显然都有失偏颇。且不说这样混同在概念的逻辑关系上是否对应,仅对华文教育而言,无疑也是对其特性的一种抹杀。再者,这在教学上也不利于相关研究的深入开展,因为华裔学生对汉语和中华文化的学习与非华裔学生相比,情况的确是不一样的。

二、华文教育的历史分期

海外华文教育是伴随着海外华侨华人的出现而兴起的民族语言文化教育,由于海外华侨华人的分布情况不一、数量多寡不同、所处国家国情各异,故海外华文教育在其历史演进中表现出较大的不平衡性和多样性,这为历史分期的考察增加了一定的难度。与我国毗邻的东南亚地区由于华侨华人最为集中,其华文教育办学不仅历史悠久,而且形式多样,具有一定的典型意义,故此在海外华文教育的历史分期上,学者们多以东南亚地区为例加以考察,亦有一定的说服力和代表性。在海外华文教育发展的时间跨度上,目前多以三百余年的华文教育和百余年的华文教育来概括。三百余年是以 1690 年荷印巴达维亚义学明诚书院的创办为起点,百余年是以 1897 年日本横滨中西学校的创办为标志。从海外华文学校的实际状况来看,前者实际上是以旧式华侨学校为起点,后者则是以新式华侨学校为开端。在具体分期上,有三个阶段、四个阶段、五个阶段或五个时期等不同划分方法(参见表 2-1)。

表 2-1 海外华文教育历史分期统计表

阶段／时期	起讫时间	状况
三阶段[a]	18 世纪到二战结束	萌芽和第一次高潮
	二战结束到 20 世纪 70 年代末	第二次高潮
	20 世纪 70 年代末至今	再度焕发活力
四阶段[b]	鸦片战争以前	萌芽
	从鸦片战争到二战结束	第一次高潮
	从二战结束到 20 世纪 70 年代末	衰落
	20 世纪 80 年代至今	再度焕发活力

续表

阶段／时期	起讫时间	状况
五阶段[c]	鸦片战争之前	形成期
	鸦片战争爆发至二战结束	兴盛期
	二战后至 20 世纪 80 年代之前	不平衡发展时期
	20 世纪 80 年代	复兴期
	20 世纪 90 年代以来	高涨期
五时期（A）[d]	秦朝至 19 世纪中叶	萌芽期
	19 世纪中叶至辛亥革命	起步期
	辛亥革命后（1911）至新中国成立前（1949）	发展期
	新中国成立后至改革开放前	低潮期
	改革开放后	复苏期
五时期（B）[e]	1900 年至二战前	发展兴盛时期
	1937 年至 1945 年	二战中的衰落时期
	1945 年至 1955 年	二战后的再度兴盛时期
	1955 年至 1985 年	"冷战"衰落时期
	1985 年至现在	当代华文教育时期

a 周丰峨，罗向阳.论海外华文教育与中国汉语推广[J].贵州社会科学，2008(6)：119-124.

b 胡春艳.全球化进程中海外华文教育的含义嬗变及其历史分期——以东南亚地区为例[J].东南亚研究，2009(4)：64-68.

c 耿红卫.海外华文教育的历史沿革及其启示[J].贵州文史丛刊，2007(1)：64-67.

d 张向前.世界华文教育发展研究[M].北京：中国言实出版社，2010：13-17.

e 彭俊.华文教育的百年轨迹和发展规律[J].绍兴文理学院学报，2007(3)：40-44.

由表 2-1 可以看出，尽管在时段划分及时间起讫上各家意见不尽一致，但基本都能反映出海外华文教育波澜起伏的总体发展面貌，科学性是

不言而喻的。不过,在海外华文教育的历史分期上,以下几点也需注意:

1. 时间跨度不宜太长。如"五时期(A)"的第一阶段(萌芽期)的划分,将华文教育这一近现代以来的概念,上溯到我国的秦朝时期,显然有些牵强,也不符合华文教育的应有含义。

2. 时间起讫不宜以中国史上的事件(时间)来标识。既然是谈海外华文教育,自然以世界史上的重大事件(时间)或单纯的公元纪年作为阶段的分界点更为合适。上述分期中"鸦片战争""辛亥革命""新中国成立""改革开放"等中国史上的重大事件(时间),虽的确对海外华文教育的发展带来了一定的影响,但显然不如"二战""冷战"等事件(时间)更能体现华文教育的海外特性。

3. 时期及其命名应从华文教育自身的实际阶段性出发,既不宜因时间短而在分期上湮而不提,亦不宜不管有无阶段性变化而强作区分。前者如"三阶段"划分中的"18 世纪到二战结束"为"华文教育的萌芽和第一次高潮",以东南亚地区的状况而言,二战中由于日本的入侵,东南亚国家的华文学校实际上处于关闭状态,以"萌芽和第一次高潮"一带而过,似不确切。后者如"五阶段"划分中的"20 世纪 90 年代以来"为华文教育的"高涨期",其表现主要是所在国政府对华侨团体办校的态度有了变化,另外就是许多国家竞相开设中文课等。而实际上所在国政府对华侨华人办学态度的转变,尽管不同国家时间不同,但并非始自 90 年代,如以 80 年代与 90 年代相比,这方面的变化似乎并不大;至于所在国国民学校中文课的竞相开设,与其看作华文教育高涨的一个表现,不如看作华文教育发展的一个背景,更为合适。

当然,正如上文所言,由于海外范围甚广,华文教育的地域发展存在较大不平衡性和多样性,故对其历史分期的合理把握的确不是件容易的事。

根据以上几点,综合各家意见,笔者以为,如以东南亚为典型地区,可将海外华文教育的历史进程分为六个阶段或时期来考察,具体时间起讫及阶段命名如下:(1)17 世纪末至 19 世纪末:华文教育的萌芽、发展期;(2)20 世纪初至二战前:华文教育的兴盛期;(3)二战中:华文教育的停滞期;(4)二战后至 20 世纪 50 年代中期:华文教育的再度兴盛期;(5)20 世

纪 50 年代中期至 70 年代末：华文教育的转变、衰落期；(6)20 世纪 80 年代以来：华文教育的复苏发展期。以上分期，从时间跨度来讲，由近代至当代；从华文教育所依托的海外华族社会来讲，涵盖了由华侨到华人两个阶段；从教育对象和办学形式来讲，包括了以华侨子弟为主的旧式学校、新式学校以及以华人子弟为主的多类型学校。由此亦可看出，海外华文教育的发展历程，的确是源远流长，跌宕起伏，情形多样而又百折不挠。

第二节　21 世纪以来华文教育的发展

海外华文教育的发展状况，既包括反映其规模的华文学校数量，也包括反映其结构的华文学校类别。21 世纪以来关于海外华文学校的数量多少、分布情况，说法多样，需要联系 21 世纪以前的发展情况加以梳理和辨析；而对海外华文学校的类别，也需要联系新的时代背景加以审视。

一、海外华文学校数量分布

海外华文学校是海外华文教育开展的主要载体，其数量、分布不仅是海外侨情的重要方面，也是我们考察国家文化软实力构建的重要参考指标。但长期以来由于缺乏深入系统的调研，对这一重要侨情的实际情况目前还不是十分清楚。在此根据有关记载，对 21 世纪以前海外华文学校的数量情况和 21 世纪以来海外华文学校的数量及分布做一梳理和辨析。

(一)21 世纪以前海外华文学校的数量情况

21 世纪以前由于有台湾侨务部门的统计及专家学者的研究，对海外华文学校的数量尚有较确切的数字统计，大致说来，其数量发展演变状况如下：

1935 年：据中国侨委会统计，世界各地华文学校共有 2519 所[①]。

---

① 陈国华. 先驱者的脚印——海外华人教育三百年 1690—1990 年[M]. Toronto，Canada：Royal Kingsway Inc，1992：256.

1946 年:海外华文学校共有 3803 所①。

1952 年:海外侨校共有 4268 所②。

1954 年:一说海外华文学校总数为 4376 所③,其中在台湾注册立案的华文学校 1975 所,未注册立案者 2401 所④;一说海外侨校 4455 所⑤,已立案者 1987 所,立案侨校数占侨校总数的 44.6%⑥。

1960 年:海外华文学校共有 4630 所⑦。

1964 年:海外侨校总计 4901 所(其中港澳地区 133 所)⑧;另据台湾统计,1964 年在台湾当局立案的侨校 2285 所,占海外侨校总数的 45.2%⑨。按这一情况,则当时海外侨校总计 5055 所。

1965 年:海外华文学校有 5074 所⑩,实际上仅存 3507 所⑪。

1967 年:海外侨校达到最高峰,共 5328 所⑫。

①　朱慧玲.当代日本华侨教育[M].太原:山西教育出版社,1996:75.
②　吴端阳.台湾海外华文教育述评[J].海外华文教育,1994(2):43-50.
③　陈国华.先驱者的脚印——海外华人教育三百年 1690—1990 年[M].Toronto,Canada:Royal Kingsway Inc,1992:391.
④　梁英明,周南京.海外华文教育的兴衰[M]//周南京.华侨华人百科全书:总论卷.北京:中国华侨出版社,2002:634.
⑤　华侨志编纂委员会.华侨志总志[M].增订三版.台北:海外出版社,1978:339.
⑥　华侨志编纂委员会.华侨志总志[M].增订三版.台北:海外出版社,1978:339.
⑦　朱慧玲.当代日本华侨教育[M].太原:山西教育出版社,1996:75.
⑧　高信.华侨的时代使命与努力方向[M].台北:华侨出版社,1967:171-172.
⑨　华侨志编纂委员会.华侨志总志[M].增订三版.台北:海外出版社,1978:339.
⑩　陈国华.先驱者的脚印——海外华人教育三百年 1690—1990 年[M].Toronto,Canada:Royal Kingsway Inc,1992:462.
⑪　梁英明,周南京.海外华文教育的兴衰[M]//周南京.华侨华人百科全书:总论卷.北京:中国华侨出版社,2002:635.
⑫　华侨志编纂委员会.华侨志总志[M].增订三版.台北:海外出版社,1978:340.

1968 年:海外侨校总计 5204 所①。

1972 年:在台湾当局立案的海外侨校共 1850 所,仅有"联系"的侨校 2514 所,总计 4364 所②。

20 世纪 70 年代后半期:(海外华文学校)仅剩约 3000 所③;(1965年)随后仅剩 3000 所④。

1982 年:台湾当局立案和"联系"的海外中、小学校 3874 所(因各地政府的限制等原因,有些侨校已停办),其中多数集中在亚洲,共 3744 所,美洲 74 所,欧洲 7 所,大洋洲 13 所,非洲 36 所⑤。

1991 年:海外华文学校 3888 所⑥;列入台湾扶植的海外侨校 3800 余所(含港澳地区)⑦。

1997 年:据估计,海外华侨华人大约有 3000 万(实际上超过此数)。在 40 多个国家中,约有 2300 多所中文学校,学生近百万名。⑧

(二)21 世纪以来海外华文学校的数量及分布

21 世纪以来海外华文学校的数量情况失于笼统,有待进一步考证推敲。

2001 年:"据不完全统计,目前海外有华文学校约 5000 所,除原有的华人较为集中的东南亚地区的华文学校进一步发展外,欧美各国的中文

---

① 华侨志编纂委员会.华侨志总志[M].增订三版.台北:海外出版社,1978:340.

② 王本尊,等.台湾教育概观[M].广州:暨南大学出版社,1990:261.

③ 梁英明,周南京.海外华文教育的兴衰[M]//周南京.华侨华人百科全书:总论卷.北京:中国华侨出版社,2002:635.

④ 陈国华.先驱者的脚印——海外华人教育三百年 1690—1990 年[M].Toronto,Canada:Royal Kingsway Inc,1992:462.

⑤ 王本尊,等.台湾教育概观[M].广州:暨南大学出版社,1990:261.

⑥ 吴端阳.台湾海外华文教育述评[J].海外华文教育,1994(2):43-50.

⑦ 王本尊.中国华侨教育概论[M]//周南京.华侨华人百科全书:总论卷.北京:中国华侨出版社,2002:630.

⑧ 孙达先.海外华文教育初论(纲要)[C]//周小兵,谭铭章.东西方文教的桥梁——国际华文教育会议文集.广州:广东人民出版社,1997:110.

学校在近年更如雨后春笋,仅美国就有中文学校 500 多所,学生近 7 万人"①;"目前全世界约有数千所正规的华文学校,这还不包括小型的补习班"②。

2004 年:"据不完全统计,全世界约有 5000 余所华文学校,其中的全日制中小学主要集中在东南亚地区。目前东南亚地区已逐步形成了从幼儿园、小学、中学到大学的比较完备的华文教育体系,共有学校 2600 多所,其中全日制中小学超过 2000 所,师生近 1000 万人。"③

2005 年:"全球约有五千所规模不等的华文学校"④;"据不完全统计,目前全世界约有 1 万多所华文学校,并且数目和规模都在不断发展"⑤;"全世界 100 多个国家和地区大约有几千万华侨和华人。据不完全统计,在他们中间约有近万所中文学校,其中校舍相对固定、学制比较完备的中文学校约有 6000 多所"⑥;"据有关部门公布,到 2005 年,世界上通过各种方式学习汉语的人数超过 3000 万人……全世界 1 万多所华文学校,并且数目和规模都在不断发展。据学者分析,海外学汉语的绝大多数是华人"⑦。

2006 年:"目前,世界各地大约有 5000 所规模不等的华文学校"⑧;"据中国官方最新的统计数字,全球学习汉语的人数目前已超过 3000 万,100 多个国家和地区有几万所中文学校,其中学制比较完备、校舍比较固

---

① 国侨办副主任刘泽彭话"汉语热"[EB/OL].[2003-05-17].http://www.chinaqw.com/node2/node116/node122/node171/userobject6ai3624.html.
② 刘泽彭:华文教育如火如荼[N/OL].人民日报(海外版).[2003-07-19].http://www.china.com.cn/chinese/TCC/45786.htm.
③ 彭俊.华文教育研究[D].上海:上海师范大学,2004:12.
④ 中国大使首次访问菲律宾中正学院[EB/OL].[2006-09-01].http://www.fmprc.gov.cn/chn/pds/wjdt/zwbd/t185327.htm.
⑤ 刘泽彭:"中国热"带动"汉语热"[EB/OL].[2005-12-27].http://www.gqb.gov.cn/node2/node3/node29/node30/node125/userobject7ai2767.html.
⑥ 肖禾.世界"汉语热"方兴未艾[J].决策与信息,2005(9):75-77.
⑦ "中国语言生活状况报告"课题组.中国语言生活状况报告(2005):上编[R].北京:商务印书馆,2006:349.
⑧ 李进军大使在菲律宾中正学院的讲话[EB/OL].[2006-12-16].http://ph.china-embassy.org/chn/sgxx/dsjh/t231128.htm.

定的中文学校大约有 6000 多所,另外还有 2300 所大学开设了汉语课程"①;"据不完全统计,目前全世界约有各类华文学校和教育机构 1 万多个,并且数目和规模都在不断发展"②。

2007 年:"资料显示:海外华侨华人大约有 3000 万(实际上超过此数),分布于全球五大洲 100 多个国家和地区。华文学校 5000 多所,华文教师达 2 万多名。其中世界华文教育的重点地区亚洲有华文学校 3000 多所;欧美各国的华文学校如雨后春笋,蓬勃发展,美国就有华文学校 500 多所,学生 6.8 万人。"③

2008 年:"据统计,目前世界上约有各种类型的海外中文学校和补习班 2770 多所,学生近 100 万人。"④

2009 年:"目前,海外有华侨华人约 3000 万,分布于全球五大洲 100 多个国家和地区;华文学校 5000 多所,华文教师 2 万多名,其中亚洲有华文学校 3000 多所,欧美各国的华文学校也在蓬勃发展,其中美国就有华文学校 500 多所,学生 6.8 万人。"⑤

2010 年:"据不完全统计,世界上约有近万所华文学校和各种类型的中文培训班、实习班"⑥;"据不完全统计,目前世界各地有各种类型的华文学校近两万所,各类在职华文教师数十万名,在华就读的各类华裔青少年达数百万人"⑦。

① 贺文萍. 孔子的国际化[EB/OL]. [2007-02-01]. http://finance. sina. com. cn/review/essay/20060311/17172409573. shtml.

② "汉语热"背后的中国机会[EB/OL]. [2011-03-01]. http://www. china. com. cn/chinese/RS/1218146. htm.

③ 耿红卫. 海外华文教育的历史沿革及其启示[J]. 贵州文史丛刊,2007(1): 64-67.

④ "中国语言生活状况报告"课题组. 中国语言生活状况报告(2008):上编[R]. 北京:商务印书馆,2009:367.

⑤ 余岚. 海外华文教育发展的对策研究[J]. 教育探索,2009(5):64-65.

⑥ 张向前. 世界华文教育发展研究[M]. 北京:中国言实出版社,2010:215.

⑦ 余永华. 关于进一步加大对海外华文教育财政投入的建议[R]. 北京:十一届全国人大三次会议海南代表团提案,2010.

2011 年:"最新数据显示,海外现有各类侨校逾 5000 所"①;"资料显示:海外华侨华人大约有 3000 万(实际上超过此数),分布于全球五大洲 100 多个国家和地区。华文学校 5000 多所,华文教师达 2 万多名。其中世界华文教育的重点地区亚洲有华文学校 3000 多所;欧美各国的华文学校如雨后春笋,蓬勃发展,美国就有华文学校 500 多所,学生 6.8 万人"②。

2012 年:"现在全世界有两万多所华文学校,帮助侨胞发展华文教育是中国政府的责任,要有长远眼光,百年大计,以人为本"③。

2013 年:"目前全世界已有华文学校近 2 万所,数百万学生在校接受华文教育,海外华文学校教师达数十万"④。

在 21 世纪以来的海外华文学校数量估计中,除了 2008 年的 2770 多所这一较为具体但颇为保守的估计外,多数认为各种类型的华文教育办学机构多则 2 万多所,少则 5000 所。由于目前尚无系统的海外华文学校普查和调研,要对海外华文学校的数量做出估计只好另辟蹊径。现今已有对海外华侨华人数量较为精确的估算,由此联系历史上华侨华人及华文学校的数量发展情况,无疑为从理论上估算目前海外华文学校的数量提供了思路和可能。虽然华侨华人数量增长并不意味着华文学校数量一定以同比例增长,但两者之间无疑有着相辅相成的密切关系。虽然这样的估算并不能准确反映实际情况,但在目前相关统计缺失的情况下,仍有参考价值和意义。

我们的估算可以 1964 年为参照。一来这一年的华侨、华文学校数量有着较为确切的数字统计,二来就华文学校的发展状况而言,该年既

---

①　综述:海外华文教育"造血"与"输血"双轨并行[EB/OL]. [2012-01-01]. http://www.chinanews.com/hwjy/2011/11-01/3429328.shtml.

②　丘进.华侨华人蓝皮书:华侨华人研究报告(2011)[R].北京:社会科学文献出版社,2011:318.

③　中国侨务高官连访中文学校　期盼中华文化留根海外[EB/OL]. [2012-04-05]. http://www.chinanews.com/zgqj/2012/02-05/3645594.shtml.

④　目前全球华文学校近 2 万所　数百万学生接受华文教育[EB/OL]. [2013-11-03]. http://edu.people.com.cn/n/2013/0803/c1053-22433379.html.

非最佳时期,也非最差时期,属于比较好的时期,有一定代表性。据高信《华侨的时代使命与努力方向》中的相关统计,1964 年全球华侨 1600 余万人,海外华文学校 4901 所①。因为这其中包含香港、澳门在内,故扣除 1964 年港澳人口 387 万②、华文学校 133 所,则 1964 年实际海外华侨华人总数为 1213 余万,华文学校 4768 所。按这一比例估算,目前华侨华人至少有 6000 万,则应有的华文学校总量约为 2 万所。这与 2010 年以来全世界各类华文学校共计两万所左右的说法还是十分接近的,可作为这一说法理论上的支撑。

至于海外华文学校的分布,目前海外华侨华人分布于全世界近 200 个国家和地区,从理论上讲,海外华文学校的分布也应与这一范围相当。实际上,由于目前对海外华文学校的统计还很不完整,故其分布情况也只能从现有的不完整的统计中了解其大概。出版于 1999 年的《华侨华人百科全书:教育科技卷》③是目前为止对海外华文学校所做的最为全面系统整理的一部著作。该著作围绕上下几百年、地域遍及五大洲的华侨教育和华文教育,尽可能地反映不同历史时期国外和国内华侨教育和华文教育产生、发展及演变的基本情况,其中就海外华文学校的地域分布而言,共涉及五大洲 48 个国家和地区。以此为基础,笔者进一步搜集整理,在上述 48 个国家和地区之外,又补充了 15 个国家和地区,这样有具体材料可支撑的海外华文学校分布共计 63 个国家和地区(见表 2-2):

---

① 高信.华侨的时代使命与努力方向[M].台北:华侨出版社,1967:172-173.
② 国家统计局人口与就业统计司.中国人口统计年鉴 1998[M].北京:中国统计出版社,1998:341.
③ 周南京,黄昆章.华侨华人百科全书:教育科技卷[M].北京:中国华侨出版社,1999.

表 2-2　海外华文学校地域分布统计表

《华侨华人百科全书：教育科技卷》华文学校地域分布			华文学校地域分布增补		数量合计	
所在洲	国家/地区	国家数	国家/地区	国家数	按洲计	总合计
大洋洲	澳大利亚、巴布亚新几内亚、斐济、塔西提、新西兰	5			5	
非洲	莱索托、留尼汪、马达加斯加、毛里求斯、南非	5	埃及、喀麦隆、肯尼亚、尼日利亚	4	9	
北美洲	加拿大、美国	2			2	
中南美洲	阿根廷、巴拉圭、巴西、玻利维亚、苏里南、圭亚那、洪都拉斯、秘鲁、墨西哥、智利、乌拉圭、牙买加	12			12	63
欧洲	奥地利、比利时、德国、法国、荷兰、西班牙、英国	7	爱尔兰、丹麦、挪威、葡萄牙、瑞典、意大利、匈牙利、瑞士、卢森堡、罗马尼亚	10	17	
亚洲	巴基斯坦、朝鲜、菲律宾、韩国、柬埔寨、老挝、马来西亚、蒙古、缅甸、日本、斯里兰卡、泰国、文莱、新加坡、印度、印度尼西亚、越南	17	土耳其	1	18	

需要指出的是,21世纪以来伴随着"汉语热""中国热"的持续升温,世界各地开展汉语教学的机构种类颇多,对此在进行相关统计时,我们应牢牢把握华文学校自身的特性,加以甄别和区分,不能眉毛胡子一起抓,以免造成混乱。如地处亚洲的乌兹别克斯坦,其国内虽然有塔什干国立东方学院、塔什干孔子学院、世界经济与外交大学汉语中心等机构开展汉语教学,但这些机构均不是我们所说的华文学校,如果将其作为华文学校进行统计(见中国华文教育网和暨南大学图书馆华侨华人文献信息中心网站"海外华文学校")显然有失妥当。再如地处欧洲的保加利亚,该国首都索非亚的18中学、鲁塞市的瓦西尔·列夫斯基学校、瓦尔纳的数学中学和外语中学等虽也陆续开设了汉语课①,但也不能将其视为我们所说的华文学校。这正如泰国的情况一样,"目前泰国单纯以华文教育为主要特征的华文民校有120多所,开设华文的小学、中学、大学数近千家,也涌现出一些开设华文补习学校的公司、团体,华文教育在泰国出现了前所未有的大好局面"②。虽然在华文教育的总体局面上我们可以笼统地将华文教育和汉语教学一并来谈,但在华文学校的认定和统计上,我们无疑应当清楚"120多所"指的是什么,"近千家"指的又是什么,而对华文教育来讲,显然前者才是我们所要研究的重点所在。

二、海外华文学校类别考察

海外华文学校类别是反映海外华文教育结构情况的重要方面,在传统的类别区分基础上,从文化传承和传播的角度对华文学校类别加以审视,对促进我国国家软实力构建有新的启示意义。

(一)华文学校办学的类别区分

在基本弄清海外华文学校数量的基础上,对其类别加以考察,也是我们客观评估海外华文教育在国家软实力构建中作用的重要方面。对华文

---

① 保加利亚中国汉语教师志愿者:打开了解中国的窗口[EB/OL].[2012-02-01].http://www.chinanews.com/hwjy/2011/12-19/3541144.shtml.
② 泰国帕府中兴学校喜获国务院侨办海外助学基金[EB/OL].[2012-10-12].http://www.chinanews.com/hwjy/2012/04-12/3814395.shtml.

学校类别的考察过去一般是从办学形式、办学状况、校舍学制等方面入手。如就办学形式而言,有学者将其分为四种:多年坚持办学的老侨校,补习班性质的学校,近年来由新移民开办的周末中文学校,已被本国政府接收、纳入本国教育体系的华文学校①;有学者分为五种:家教和私塾、各种语言学习班(中心)、私立华文学校、新兴的周末制中文学校、传统的全日制华文学校②。再如就华文学校办学状况而言,有学者区分为三类:(1)仍保留华文教育体系(马来西亚);(2)在原华文学校开设一定课时的华文课(菲律宾、泰国、新加坡);(3)业余华文教育(欧洲、美洲、拉丁美洲的业余华文学校)③。有学者概括为六种情况:(1)尚能维持正常华文教育者:如日本、韩国、南非等地区华侨学校仍然合法存在,且多采用台湾供应的标准教材;(2)华文教育纳入当地教育体制者:如新加坡、马来西亚等国,按照当地政府规定的课程纲要自编教材;(3)华文教育受当地政府管制者:如菲律宾、泰国等国,虽然华文学校仍准许开办,但华文教学时间和程度受到相当程度的限制;(4)华文教育已绝迹者:如印度尼西亚、缅甸、越南、柬埔寨、老挝等国,由于当地政府实行强迫同化政策和严格限制等原因而无法存在;(5)名为华文学校,实际只不过是华文补习学校或补习班,如加拿大、美国、拉丁美洲、欧洲、非洲及澳洲等地区,政府虽然不加以特别限制,但社会客观需要使华文教育只停留在辅助教育的水平上;(6)非华人学习华文的热情日益高涨……(目前)约有 50 多个国家和地区的高等院校开设华文专业,不少国家的部分中、小学也开设华文课④。又如就校舍学制而言,"全世界 100 多个国家和地区大约有几千万华侨和华人。据不完全统计,在他们中间约有近万所中文学校,其中校舍相对固

---

① 李嘉郁.华文教育五题[C]//第七届国际汉语教学讨论会论文选.北京:北京大学出版社,2004:162.

② 彭俊.华文教育研究[D].上海:上海师范大学,2004:18.

③ 周聿峨.海外华文教育的现状与前景[C]//暨南大学华侨研究所.华侨华人研究(第二辑).广州:暨南大学出版社,1991:144-154.

④ 梁英明,周南京.海外华文教育的兴衰[M]//周南京.华侨华人百科全书:总论卷.北京:中国华侨出版社,2002:638-639.

定、学制比较完备的中文学校约有 6000 多所"①。

应当说以上类别的区分为我们客观看待和全面把握华文教育的办学实力提供了有益的参照。其中校舍固定、学制完备、全日制的华文学校无疑是海外华文教育的中坚力量,而其他多形式的华文教育办学也是华文教育不可或缺的重要组成部分,是华文教育在海外环境中因时因地制宜,谋求生存和发展的有效载体。

(二)文化传承和传播视野下的华文学校类别区分

文化传承和传播是教育的本质属性,也是教育的基本功能。华文教育在海外办学的过程实际上也就是中华文化在海外传承和传播的过程。华文学校类别体现华文教育的办学实力,但如果着眼于民族文化的传承和传播,从国家软实力的构建来看,尽管有以上类别的区分,但其实无论哪一种类别的华文学校办学都在发挥着积极的作用。

前文中曾指出,受海外中华民族社会发展的影响,特别是华侨社会转为华人社会之后,华文教育办学无论是在教育对象、办学形式上,还是在教育内容、教育目的以及与所在国的关系上都发生了许多新变化,但其文化传承传播的使命意义并未改变。有鉴于此,随着时代的发展变化,在华文学校办学类别上,我们既不应固执于老式侨校的办学形式而轻视其他形式华文学校办学的文化传播作用,也不应仅满足于文化传播的实现而忘记了文化传承的使命,而应将两者联系和统一起来加以考察,如此才能充分发挥华文教育的应有作用,推动国家软实力的构建。因此我们或可从文化传承和传播着眼,突破上述既有的区分模式,将海外华文学校区分为两大类型:一种是文化传承型,一种是文化传播型。前者指的是教育对象完全是华裔子弟或以华裔子弟为主,教学媒介语为汉语(华语)或以汉语(华语)为主,在汉语(华语)之外还开设多样的中国文化课程;后者指的是教育对象不仅仅限于华裔子弟,汉语(华语)虽作为民族语言来教授但课时及相关课程均有限。

需要指出的是:其一,以上两种类型是在首先具备华文学校特征这一大前提下做的区分,教育对象和教育内容是区分的主要标准,关注的重点

---

① 肖禾.世界"汉语热"方兴未艾[J].决策与信息,2005(9):75-77.

在于办学是否走出华侨华人圈子、走出的程度以及所培养的人才身上中华文化的气质情况,至于其他倒在其次。亦即传承型华文学校不一定就是校舍固定的正规华文学校,传播型华文学校也不一定就是非正规的补习班。其二,以上两种类型的区分并不是绝对的,在华文学校的办学实践中,文化传承和传播往往兼而有之,有时很难截然分开。特别是进入21世纪以来,华文学校生源类别的多元性已日渐突出和明显,双语或三语教学也日渐成为通行的教学方式,这的确给文化类型区分带来了不小的难度。尽管如此,我们做出上述区分,主要是有利于全面认识华文教育的功能意义,有利于乐观、积极地看待海外华人社会转型特别是21世纪以来华文教育办学的诸多新变化。这对于全面、充分发挥华文教育的资源优势,推进中国国家软实力的构建是十分重要和有意义的。

第三章 华文教育办学及其文化传播

华文教育是中华文化走向世界的重要载体。由华文教育所实现的中华文化弘扬首先体现在华裔青少年对民族文化的传承上，其次还体现在通过教学对象的多元以及服务当地等所实现的文化交流传播上。以上两者都是反映中华文化实际影响力的重要方面，也是华文教育促进中国国家软实力构建的重要途径。而要阐明这些，就需要从 21 世纪以来华文学校办学的时代特征入手，对其办学展开具体分析。目前各类华文学校的总规模庞大，而自 2009 年开始遴选的"华文教育示范学校"无疑最具有典型意义和代表性。下面就结合"示范学校"的办学实践，从教学对象、培养目标、教学模式三个方面对 21 世纪以来华文学校办学的新变化做一分析，在此基础上再从开设课程、营造氛围、开展活动、促进交流四个方面对其文化传承与传播情况加以考察。

第一节 21 世纪以来华文学校办学的新变化

在 2011 年 10 月第二届世界华文教育大会上，时任国务院侨办副主任赵阳曾指出，近几年来，华文教育发展的内外环境都发生了很大的变化，随着全球经济的发展与融合，华文教育的时代特征愈加明显，主要表现在世界范围内的"中国热""汉语热"继续升温，华文教育的外部环境不断改善；华侨华人社会发展华文教育的热情空前高涨，对国内的各类需求不断增加；华文教育对象结构呈现多元化趋势；华文教育的办学模式正在悄然发生变化等诸多方面①。

一、教学对象

海外华文学校作为华侨华人兴办的民族语言文化教育机构,主要面向华裔青少年,但伴随着华文教育的不断发展,特别是世界"中国热""汉语热"的出现,其生源结构越来越呈现出多元化趋势,即选择到华文学校就读的非华裔学生数量不断上升。如日本,有着百年历史的横滨山手中华学校,其学生10%是土生土长的日本人②;同样历史悠久、规模颇大的神户中华同文学校,其学生除了中国的华侨子弟外,还有持日本、美国、韩国、朝鲜、加拿大、葡萄牙、印度、新加坡、越南等国籍的学生③。再如柬埔寨,规模最大的华文学校——金边端华学校,华裔子女约占80%,其余为柬裔子女及个别越南裔子女④;福建会馆民生中学,在1137名学生中,非华裔学生有227名⑤。又如文莱,历史悠久、规模最大的中华中学,其学生中本地人和外国侨民各占一半;本地学生中,华人占81%,马来族人占14%,其他族群占5%;外国侨民中,有华人、印度人、菲律宾人和斯里兰卡人⑥。又如老挝,规模最大、设置最完全的华文学校——寮都公学最初是为服务华侨子弟而设立的,而如今2000多名学生中绝大部分是老挝本

---

①　赵阳:加快中华文化走出去　华文教育大有可为[EB/OL].[2011-12-01].http://www.chinanews.com/hwjy/2011/10-30/3424149.shtml.

②　横滨山手中华学校[EB/OL].[2009-03-02].http://baike.baidu.com/view/1582226.htm.

③　神户中华同文学校举办建校百十周年庆典[EB/OL].[2011-01-01].http://news.sohu.com/20090912/n266667041.shtml.

④　柬埔寨潮州会馆公立端华学校[EB/OL].[2011-03-02].http://ren.csfqw.com/article-9826.html.

⑤　柬埔寨福建会馆民生中学[EB/OL].[2009-03-14].http://www.hwjyw.com/info/organizations/Asia/schools/200803/t20080304_13426.shtml.

⑥　文莱中华中学[EB/OL].[2009-05-11].http://www.chinaqw.com/news/2005/1129/68/7253.shtml.

地人,华侨仅占很小的一部分①。与老挝寮都公学情况类似的还有蒙古旅蒙华侨友谊学校,最初是为解决当地华侨子弟的教育而设立的,称华侨子弟学校,后应蒙古学生家长的要求,开始招收本地学生,改称旅蒙华侨友谊学校,在目前700多名学生中,侨生一直保持在100余名,其余大部分是蒙古学生,也有少数韩国学生②。新西兰最大的华文学校——路易·艾黎中文学校/艾黎教育文化中心,其学生来自中国大陆、台湾、香港,新加坡,马来西亚,印度尼西亚,越南,柬埔寨,泰国,韩国,日本以及当地新西兰欧裔及毛利族裔等③。而在菲律宾,华文学校更是已经不完全是华侨华人子弟的学校,华文学校学生中其他族群的人所占比例越来越大,在大马尼拉地区的华文学校中,其他族群的学生所占比例约为三成,在偏远地区或外省地区,华文学校里的其他族群的学生所占比例高达六七成,最高的甚至达到八成,所以菲律宾的华文学校已经不仅仅是面向华侨华人子弟,而是向整个菲律宾社会开放的④。由此可见,目前越是历史悠久、规模颇大的华文学校,其学生一般均非纯粹的华裔,生源结构上的多元化趋势已是目前海外华文学校办学的一大新变化。

出现上述变化的原因,大致来自三个方面:其一,近年来世界范围内不断升温的"中国热""汉语热",使得华文的实用价值日益凸显,在21世纪,掌握汉语已成为占据优势的体现。正如英国语言学家戴维·加多尔所指出的:"如果你想领先一步,那就学习汉语吧!"⑤学汉语的人越来越多,分布广泛、历史悠久的华文学校自然就成为他们的首选。其二,世界

---

① 李艳娟.云南老挝相邻更相携　优势互补合作趋全面——桥头堡国家大战略　云南大发展系列三[EB/OL].[2011-07-02].http://yn.wenweipo.com/newszt/ShowArticle.asp?ArticleID=14291.

② 旅蒙华侨友谊学校[EB/OL].[2009-09-17].http://www.chinaqw.com/node2/node2796/node2797/node2809/node3126/node3131/userobject6ai137035.html.

③ 路易·艾黎中文学校/艾黎教育文化中心[EB/OL].[2011-03-11].http://www.hwjyw.com/hjzx/hjjg/dyz/hwhx/200707/t20070717_2705.shtml.

④ 菲律宾将在公立中学开汉语课　华文教育人士表示欢迎[EB/OL].[2012-03-21].http://news.sina.com.cn/o/2011-02-24/223022010069.shtml.

⑤ 美《时代》周刊称21世纪——要领先　学汉语[EB/OL].[2010-06-02].http://news.sina.com.cn/w/2006-06-26/11209301550s.shtml.

多极化的发展,使得越来越多的国家开始认识到单元文化政策和大民族主义的错误,从经济发展、民族和谐、国家稳定出发,他们逐步顺应时代发展的要求,采取了较为明智的做法,推行多元文化政策,这为华文教育的办学创造了更为有利的条件和环境。其三,华文教育的办学质量不断提高,中华文化的价值观和传统美德受到普遍认可。如文莱中华中学,以为文莱华人社会、国民及旅居文莱的外国侨民的子女提供教育服务为办学方针,提倡三语并重、五育兼修,让学生德育、智育、群育、体育和美育全面均衡发展,塑造符合现代社会需要的、具有良好学识和崇高道德修养的人才①。可以说,这样的人才培养目标与定位,在优质的教学质量保障下,使传统华文学校办学焕发了新的生机,提升了其影响力和吸引力。

二、培养目标

人才培养是学校办学的核心任务,将学生培养成什么样的人反映出学校教育的价值追求和文化取向。就华文学校而言,在华侨社会向华人社会转型之后,培养有中华文化气质的所在国公民和在当地有竞争力的有用人才已成为人才培养的新目标。这一人才培养的新定位,既秉承了中华文化这一根本主线,又与当地实际相结合,而其中作为建设者的所在国公民这一成分,也折射出华文教育的新育人走向。

以菲律宾为例,中正学院秉承《易经》之“大中至正、不偏不倚”的办学思想,致力于发展华文教育,运用中国古代礼义廉耻为指导精神,伴以德智体群美的现代精神对学生的品质加以琢磨,栽培具有华人文化气质的菲律宾公民②。其人才培养的目标正如中国驻菲律宾大使所指出的那样,成为“菲律宾的建设者,中华文化的传承者”③。菲律宾华文教育的知名品牌活动,已连续举办七届的中华文化大赛,包括翻译比赛、中文作文、

---

① 文莱中华中学[EB/OL].[2009-05-11]. http://www.chinaqw.com/news/2005/1129/68/7253.shtml.

② 菲律宾中正学院[EB/OL].[2011-04-02]. http://baike.baidu.com/view/8605796.htm.

③ 视察菲律宾中正学院 中国驻菲大使肯定华文学校贡献[EB/OL].[2009-10-11]. http://www.chinanews.com/hr/hr-hxdt/news/2009/06-24/1746856.shtml.

讲故事、舞蹈和合唱等一系列赛事,其宗旨亦是培养当今学子对中华文化的浓厚兴趣,以秉承中华文化的优良传统,成为具有中华文化气质的菲律宾公民①。此外,再如柬埔寨端华中学在推行新校政后,坚持爱国、爱柬埔寨教育方针,注重品德纪律教育,培养学生文明行为与服务精神,关心国家大事,尊师爱校,热爱学习,具有时代使命感②;缅甸福星语言与电脑学苑不仅要让华裔能够学好中文,还要让当地各民族也能学好中文,同时为当地开发人力资源,培养具有双语能力以及具备电脑技能的人才,以发展中缅友好关系、服务和造福缅甸社会为最终目的③;阿根廷富兰克林中文学校为阿根廷华侨和华人子弟提供一个优良的学习中文的机会和环境,为社会培养优秀的双语人才,使他们在积极融入西方社会的同时,继续发扬中华民族的优秀传统文化④,等等。上述这些华文学校的人才培养目标,在以民族文化为前提的同时,无不强调对所在国的积极融入和建设者身份。应当说这既彰显了民族文化的主体地位,同时又注入了新内涵,从一个侧面反映了华文学校办学的新变化。

三、教学模式

与人才培养目标连在一起的,是伴随着生源的日益多元,华文学校在教学模式上做出的新探索,双语/三语学校日益成为新时代华文学校的主要教学模式。

如文莱中华中学提倡三语并重、五育兼修,希望学生既能掌握华语、英语、马来语,又能德育、智育、群育、体育和美育全面均衡发展,成为符合现代社会需要、具有良好学识和崇高道德修养的人才,这既配合了文莱的

---

① 菲律宾第七届中华文化大赛在侨中学院开幕[EB/OL]. [2010-05-11]. http://news. 163. com/11/0919/16/7EAVI8lT00014JB6. html.

② 张清. 端华中学 1957—1970[EB/OL]. [2011-10-10]. http://blog. sina. com. cn/s/blog_5dc2e51d0100d3zc. html.

③ 福星语言电脑学苑孔子课堂[EB/OL]. [2011-10-10]. http://www. cnconfucius. asia/institution/confuciusinstitute/2011-01-13/186. html.

④ 阿根廷布宜诺斯艾利斯富兰克林中文学校[EB/OL]. [2010-09-10]. http:// www. hwjyw. com/hjzx/hjjg/nmz/hwhx/200707/t20070705_2224. shtml.

教育政策（双语制度），同时又适应了社会的需求，"对学生的未来更好"①。泰国南邦公立育华学校在遵照泰国教育部规定课程办学的同时，为适应社会发展的科学化、现代化和国际化要求，又开设汉英双语教学的国际班，而这也正是该校在充分吸收传统教育观念和方式宝贵经验的基础上，结合现代需要走出的一条集现代化、科学化、社会化、国际化为一体的新型华语学校办学之路②。日本横滨山手中华学校之所以能有今天的规模和影响，其中的原因之一也是"同时传授给学生中日两种语言及文化"③。即使是目前仍然较为典型的华侨学校如蒙古旅蒙华侨友谊学校，为了方便华侨子弟日后在当地的大学深造，也传授蒙古文。又如老挝，由于老挝教育部规定华侨学校还应该进行老挝语教育，完成老挝教育部规定的中小学必修课程，所以老挝的华侨学校也都是双语教育④，正如老挝寮都公学董事长、校长林俊雄所言"我们是在老挝国土上办的华文学校，不能因为是华侨学校就忽视老文教学。老文和华文教学要齐头并进，不能有偏重，华文教学和老文教学在全国都要达到一流水平"⑤。

　　长期以来，我们常以 20 世纪 50—60 年代海外华侨社会尚未转型之前侨民教育阶段的侨校教学方式来看待华文学校的属性，认为只有完全的华语媒介语教学才是典型的华文学校，双语或三语教学则被排除在典型华文学校之外。但事实上，在华人社会到来之后，特别是在经济全球化的今天，仍单纯以华语来开展教学已不现实，换句话说，采用双语或三语教学是新形势下华文教育的客观必然选择。其一，华人社会的华文教育

----

　　① 文莱中华中学将华语教学发扬光大[EB/OL].[2010-01-10].http://gb.cri.cn/14404/2007/06/06/1062@1621142.htm.

　　② 自贡市缤美模校校长夏缤考察泰国育华学校有感[EB/OL].[2011-01-10].http://zg.scjjrb.com/htmls/20101222085751.html.

　　③ 情系教育心系祖国——访横滨山手中华学校校长潘民生[EB/OL].[2012-07-11].http://japan.people.com.cn/96960/97335/6675992.html.

　　④ 邓海霞.老挝中小学汉语教学现状[EB/OL].[2011-11-10].http://www.shihan.edu.cn/subjects/100221.

　　⑤ 黄文琪.知恩图报　乐于奉献——访老挝寮都华侨公学董事长、校长林俊雄先生（二）[EB/OL].[2011-10-10].http://lzzx.liuzhou.gov.cn/dpgsl/zgdlzsw/201103/t20110316_446202.htm.

是所在国教育的一部分,华文教育要继续存在并谋求所在国的承认就必须符合所在国有关双语或三语的办学规定;其二,华裔子弟作为所在国的公民,要落地生根,融入当地社会,也需要掌握所在国语言;其三,多种语言能力是教育现代化、国际化的要求,华文学校办学要跟上时代步伐,也需要做到这一点。这些都决定了开展双语/三语教学,既是新时期华文学校办学面向实际、谋求生存的现实需要,也是面向未来,提高人才竞争力的应有之举。应当承认华语媒介语教学是体现华文学校性质的特征之一,也是促进民族语言文化传承的重要方式,但在新时期和新形势下,我们不能将其绝对化理解,从某种意义上讲,以几种语言开展教学可能并不是问题的关键,关键在于通过教学内容的实施,我们的教学对象身上所浸润的中华文化含量以及他们对自己的民族、祖(籍)国所具有的认同及感情深浅。仍以文莱中华中学为例,在三语并重的同时,提倡五育兼修,注重培育学生礼义廉耻的道德情操,这就既适应了所在国的要求,也保留了华文学校自身的办学特色。

总之,华文学校教学模式上的这一变革,与其人才培养目标相配合,为其发展注入了生机和活力,也进一步提升了其吸引力和影响力;其勇于变革、与时俱进的做法,体现了华文学校既保持特色又务实灵活的办学精神。

第二节　华文学校办学对中华文化的传播

华文学校作为海外中华民族兴办的民族语言文化教育机构,传承、传播汉语和中华文化是其根本宗旨和目的,也是其作为民族教育学校存在的显著特征。华文学校对汉语和中华文化的传播可以说是充分利用了教育这一独特平台,渗透于办学实践的各个环节中,既相互配套,又自成系统。对此我们可以从开设课程、营造氛围、开展活动、促进交流四个方面加以考察。

一、开设语言文化课程

语言是文化的基础,继承民族文化,掌握民族通用语言既是其中的重要内容也是前提条件。就华文学校而言,无不从汉语课程的设置和教学入手,来开展自己的办学实践。无论是纳入所在国教育体系的全日制华文学校,还是民营私立华文学校以及周末制中文学校,开展汉语教学都是其首要办学任务。以泰国国光慈善中学为例,学校从幼儿园二年级到初中三年级均开设了中文课:(1)幼儿园二、三年级,每周 2 节中文课;(2)小学一到四年级每周 9 节,五到六年级每周 8 节中文课;(3)初中一、二年级每周 3 节,初三每周 2 节中文课。不仅如此,该校对汉语教学还特别注重三个加强:(1)加强拼音教学,开设拼音课,力争使学生在小学毕业时能够基本掌握汉语拼音这个工具,为将来进一步学习华文打下坚实的基础;(2)加强口语教学,开设口语听力课,一反过去只强调读而忽视听说的现象,对学生进行有针对性的口语、听力训练,力争使学生掌握基本的日常会话,能听懂简单的华语句子并能运用华语进行一般的口语交际;(3)加强汉字教学,开设写字课,教授简化字①。再如泰国帕府中兴学校,对学生汉语学习的考查分为五科:抄写科、口语科、拼音科、造句科、汉语科,全方位培养学生中文听、说、读、写能力②。

在开展汉语教学的同时,开设多样化的中华文化课程也是汉语学习的必然要求,也是对语言学习的丰富和深化。故此,专门性文化课程的设置也成为华文学校教学不可或缺的一个组成部分。如泰国南邦公立育华学校,为丰富中文教学,开展多种课程,如书法、中国画、中国手工、中国棋类、中国歌舞等,这些课程不仅使学生们受到中国文化的熏陶,更为高质量的中文教学奠定了基础③。再如泰国帕府中兴学校在汉语课程之外,

---

① 国光学校教育慈善会辖下国光中学[EB/OL].[2009-07-10].http://www.hwjyw.com/info/organizations/Asia/schools/200707/t20070712_2486.shtml.

② 中兴学校简介[EB/OL].[2011-09-10].http://jaroensil.30edu.com.

③ 自贡市缤美模校校长夏缤考察泰国育华学校有感[EB/OL].[2011-01-10].http://zg.scjjrb.com/htmls/20101222085751.html.

同时开设中国儿童歌谣、中国舞蹈、中国剪纸等课程①；新西兰路易·艾黎中文学校开设了 50 多个班级，包括中文、美术、舞蹈、太极拳、体育等各类兴趣班②；苏里南广义堂中文学校除开设有汉语拼音、中文课程外，还设有美术、音乐、中国舞蹈课③，等等。

总之，华文学校之所以称为华文学校，开展汉语（中文/华语/华文）和中华文化教学是其必备的特征之一，通过课程设置来集中传授民族语言文化，也是华文学校传播民族文化的最主要渠道。

二、营造校园文化氛围

海外华文学校办学秉承中华文化教育理念，重视环境育人，走进华文学校，浓浓的民族文化氛围彰显出民族文化的精神和风貌。注重环境氛围的营造和校园文化建设，是华文学校传播民族文化的又一重要途径。

以泰国的几所华文学校为例，泰国南邦公立育华学校一直致力于打造学华文、用华文、说华文的大文化环境，在学校四周的墙上"十年树木，百年树人"的校训赫然在目，校园的每个角落、每面墙壁都传达着中国文化的语言，大到整个学校的布局，小到教室及走廊的每个角落布置，整个校园洋溢着浓厚的人文气息，使学生在感官上耳濡目染地受到熏陶，在中华文化氛围中潜移默化地受到教育④。泰国公立帕府中兴学校为丰富教学内容，努力营造浓郁的中文氛围，每天升旗仪式后进行经典中文教读；每周四早上为固定中文广播时间；每天中午饭后进行"小喇叭广播三十分"；设立固定的中文公告栏和墙报；丰富书法绘画、音乐舞蹈、象棋等兴趣小组内容；定期举办抄书比赛和演讲比赛；凡有泰文处必有中文，无泰

---

① 中兴学校简介[EB/OL].[2011-09-10]. http://jaroensil. 30edu. com.

② 路易·艾黎中文学校/艾黎教育文化中心[EB/OL].[2011-03-11]. http://www. hwjyw. com/hjzx/hjjg/dyz/hwhx/200707/t20070717_2705. shtml.

③ 苏里南帕拉马里博苏里南中文学校[EB/OL].[2011-03-11]. http://www. hwjyw. com/hjzx/hjjg/nmz/hwhx/200707/t20070706_2317. shtml.

④ 自贡市缨美模校校长夏缨考察泰国育华学校有感[EB/OL].[2011-01-10]. http://zg. scjjrb. com/htmls/20101222085751. html.

文处尽可能有中文①。2011 年 1 月 6 日,中国驻清迈总领事对中兴学校进行访问,受到热烈欢迎,鞭炮四响,舞狮表演,总领事感慨在海外很难看到这么地道的舞狮表演,校园内外浓郁的中华文化味道令人感叹②。泰国坤敬公立华侨学校结合学校实际,充分利用一切有利因素,扩大学生学习汉语的面,让他们能够时时刻刻受到中国文化、汉语语境的熏陶,如每到中国的传统节日,学校就会准备内容丰富而详尽的材料进行展出,如中国传统节日的来历、风俗等,另外也有诸如国际汉语教学的盛况,汉字的由来、发展和演变等丰富多彩的内容和材料;同时,学校还积极排练中国舞蹈、武术表演等节目,为华文学校的校庆、当地的游神节、新教学大楼的落成庆典以及庆祝中国国庆等活动献上具有中国特色的精神大餐,使学生真切感受到中国文化,增加中国元素在泰国的影响力③。泰国北榄培华学校举办中泰文学艺展览暨科学周期间,校园内中国结高高挂起,喜气洋洋,整个校园一派节日的氛围,充满着文化的韵味,就连中国过年用的对联也贴在醒目的位置,"努力振兴华文教育""因材施教培育英华"等中文标语体现了华文学校的特色,展现了华文学校的文化④。以上这些充分说明,校园文化氛围不仅在华文学校办学中受到普遍重视,而且其对文化传承和传播起到了潜移默化的熏陶作用,体现出华文学校的"育人"特色。

三、开展专门文化活动

除了开展语言文化教学、营造校园文化氛围外,组织、举办各种专门

---

① 泰国帕府公立中兴学校[EB/OL].[2009-01-10].http://www.hwjyw.com/info/organizations/Asia/schools/200802/t20080228_13068.shtml.

② 推动华文教育发展传播中华文化 泰国帕府华文学校获盛赞[EB/OL].[2011-09-10].http://news.cntv.cn/20110107/114153.shtml.

③ 国侨办外派赴泰华文教师:立足华文教育 耕耘课堂[EB/OL].[2011-01-10].http://blog.tianya.cn/blogger/post_read.asp? BlogID=3543029&PostID=31508036.

④ 樊义安.中泰学艺,融乳华文学校——北榄培华学校中泰文学艺展览暨科学周纪实[EB/OL].[2011-09-15].http://www.jax2z.com/html/jxky/xbkg/2010041283554616429883.html.

文化活动无疑是华文学校在民族文化传播上更为直接的举措。华文学校的专门文化活动，不仅形式多样、内容丰富，而且生动活泼、扎实有效。

如在日本，同源中文学校每年都组织丰富多彩的课外活动，有中秋联欢会、暑期郊游、春游、春节华人儿童联欢会、儿童节中文发表会、华人少年作文比赛等[①]；横滨山手中华学校定期举办的中文演讲比赛，始于1961年，至今已历半个世纪，共举办50届，已成为该校的特色和传统[②]。在柬埔寨，崇正学校举行歌唱比赛、讲话比赛[③④]；福建会馆民生中学有小学部的《三字经》《弟子规》朗诵比赛、中学部的"校训"字义诠释演讲比赛[⑤]；金边端华学校不仅有低幼班的华语朗诵表演赛、课文背诵及联句抢答赛，而且有高年级的汉语演讲赛、查字典词典比赛[⑥⑦]；全柬华文学校也经常组织各类大型作文比赛，如纪念中柬建交50周年全柬华文学校学生作文比赛、纪念柬华总会成立二十周年暨"大使杯"全柬华文学校学生现场作文大赛等。文莱中华中学经常开展华文歌唱比赛、书法比赛、华文作文比赛、中国舞蹈比赛，以及猜谜语、对对联等活动[⑧]。在菲律宾，侨中学院举办讲华语故事比赛，中西学院举行小学华语歌曲独唱比赛，描戈律大同中学组织"爱中华、品文化"欢度校庆、喜迎国庆系列活动，菲律宾华文教育

① 日本同源中文学校［EB/OL］.［2010-01-10］. http://www. hwjyw. com/info/organizations/Asia/schools/200803/t20080319_14389. shtml.

② 日本横滨山手中华学校举办第50届中文演讲比赛［EB/OL］.［2011-01-10］. http://www. chinanews. com/hwjy/2010/11-19/2667708. shtml.

③ 柬埔寨崇正学校举行歌唱比赛 学生踊跃参赛［EB/OL］.［2010-09-10］. http://www. dzwww. com/rollnews/news/201001/t20100107_5401800. htm.

④ 营造讲普通话氛围 柬埔寨崇正学校举行讲话比赛［EB/OL］.［2009-01-10］. http://www. chinaqw. com/hwjy/hxdt/200810/13/133675. shtml.

⑤ 诠释"校训"字义 再掀竞学高潮［N/OL］.［2011-05-28］. http://www. 5kor. com/forum. php? mod＝viewthread&tid＝15057.

⑥ 柬金边端华学校低幼班举行华语朗诵表演赛［J］. 海外华文教育动态，2006(2)：71-72.

⑦ 提高汉语水平柬埔寨端华学校举行查字典比赛［EB/OL］.［2011-01-10］. http://www. iguoxue. cn/html/44/n-6944. html.

⑧ 文莱中华中学［EB/OL］.［2009-08-10］. http://www. chinaqw. com/news/2005/1129/68/7253. shtml.

中心定期组织"'中国走进课堂'菲律宾中学生中国知识竞赛",三宝颜中华中学设有男女童军、军乐队、鼓琴队、舞龙舞狮队、舞蹈队、朗诵队、乒乓球队、篮球队、排球队、藤球队、网球队、田径队等,定期举办中文书法比赛、华语演讲比赛、华语歌曲比赛、华语话剧比赛①,等等。此外,在华文学校的积极组织和热情参与下,中国侨务部门开展的各类大型专门活动如"中国寻根之旅"等各类夏(冬)令营、海外华裔青少年中华文化知识竞赛、华人青少年作文比赛、中华文化大乐园等,也惠及广大海外华文学校学生,受到热烈欢迎和广泛好评。以上这些丰富多彩的活动,既贴近华文学校学生的实际,生动活泼,激发了他们对汉语和中华文化的兴趣,又重在参与,加深了他们的认识,提高了实践能力,扎实而有效。

四、促进中外文化交流

海外华族社会转型以来,一方面伴随着生源的日益多元,华文学校校园文化虽以中华文化为主导,但同时也呈现出多元文化交融的色彩;另一方面,随着成为所在国教育体系的一部分,华文学校文化活动的开展也开始更多地走出校园,服务当地社会,有力地促进了中外文化交流。如2009年8月,泰国北榄培华学校举行一年一度的中泰文学艺展览暨科学周活动,中文老师教泰文老师煮茶叶蛋、菊花茶、饺子,泰文老师邀请中文老师参加泰文游戏,中文老师剪纸裱好送给泰文老师,泰文老师把编织的钥匙扣赠给中文老师,中泰两种文化在擅长中弘扬,在兴趣中学习,中泰两国文化在这里汇聚、融合为一体②。2011年1月,泰国智民学校校庆活动演出,现场节目丰富多彩,泰国舞、歌曲、跆拳道、中国舞、武术相继登场,展现了智民学校各种文化交融的良好氛围③。苏里南广义堂中文学

---

① 菲律宾三宝颜中华中学暨附小[EB/OL].[2011-01-10].http://www.hwjyw.com/info/content/2010/12/16/13627.shtml.

② 樊义安.中泰学艺,融乳华文学校——北榄培华学校中泰文学艺展览暨科学周纪实[EB/OL].[2011-09-15].http://www.jax2z.com/html/jxky/xbkg/2010041283554616429883.html.

③ 泰国智民学校喜迎校庆　中国特色演出惊艳亮相[EB/OL].[2011-09-10].http://news.cntv.cn/20110110/116335.shtml.

校组建了一支出色的舞蹈队,每年除了参加华人团体举办的各种喜庆活动外,还常常应邀参加苏里南重大节日及各个党派、各个民族的庆祝活动,每次都以绚丽多彩的中国民族舞蹈表演,让旅居苏里南的华侨华人及苏里南各族人民欣赏到中国各民族文化艺术的迷人风采,这不仅树立了华人美好的形象,同时也促进了华人与苏里南各民族的文化艺术交流和友谊往来①。再如 2007 年 8 月 26 日,据有关报道,新西兰基督城首届景德镇陶瓷艺术展的组织者在路易·艾黎中文学校内举行题为"中国瓷器历史与文化"的知识讲座,弘扬中国的瓷器文化,推广瓷器文化知识,帮助公众提高对瓷器的鉴赏能力,加强对瓷器的认识。路易·艾黎中文学校的学生还积极参与主流文化社会及当地华人社区的各项文化活动,如历次基督城华人春节联欢晚会、区政府组办的 Garden Gala 老年节(花园盛会)、新西兰政府举办的 Lantern Festival 元宵灯会、Culture Galore 文化节等一系列文化活动,促进了当地多元文化的发展②。澳大利亚悉尼大同中文学校为弘扬中国文化,促进中西方文化交流,积极参加悉尼地区多元文化的公益活动,如地方政府或社区团体举办的文化日活动,向其他民族的社会团体和社会工作者提供中华文化的咨询服务③。菲律宾侨中学院以宣传中国传统文化为宗旨,组织了民乐团、舞蹈团、武术队、合唱队,并形成了独特的表演风格,具有较高的表演水平,它们常常在马尼拉各种庆典场合表演中国传统文化艺术及武术等节目,很受菲律宾民众喜爱④。

　　综上,如果说语言文化课程的开设给学生以知识,校园文化氛围的营造给学生以熏陶,那么专门文化活动的开展则给学生以实践体验的机会。由课程学习的了解,到氛围营造的感知,再到活动开展的践行,华文学校

---

　　① 苏里南帕拉马里博苏里南中文学校[EB/OL].[2011-03-11].http://www.hwjyw.com/hjzx/hjjg/nmz/hwhx/200707/t20070706_2317.shtml.

　　② 新西兰路易·艾黎中文学校/艾黎教育文化中心[EB/OL].[2011-12-15].http://www.cnconfucius.asia/institution/hwhx/2011-10-24/3219.html.

　　③ 悉尼大同中文学校简介[EB/OL].[2011-12-10].http://www.doc88.com/p-142571967190.html.

　　④ 陈永山参赞参加菲律宾侨中学院 84 周年校庆活动[EB/OL].[2009-12-11].http://www.chinaxq.com/html/2007-6/28/content_24231.shtml.

的民族文化传播环环相扣,完整而连贯,它不仅使民族文化在华裔青少年身上得以很好地传承,而且借助学校这一平台将中华文化传播于当地社会,并发挥影响。文化交流、交融是文化传播的目的,中华文化的传播目的正在增强中华民族的凝聚力,推动世界多元文化的发展与和谐世界的建设,而在这一过程中,作为海外集中专门开展中华民族语言文化教育的办学机构,华文学校不仅在族内起着牢固的纽带作用,而且在中外之间架起了沟通交流的桥梁,是促进中国国家软实力构建不可多得的力量。

第三节　华文学校办学与中华文化的影响力

21世纪以来,海外华文学校秉承"育人为本,质量第一"的办学方针,在"中国热""汉语热"的大背景下,愈益焕发出生机和活力,其优质的办学彰显出与日俱增的吸引力。而这一吸引力正是中华文化影响力的具体表现,由此海外华文学校在中国国家软实力构建中具有重要的基础性意义。

一、规范管理、育人为本与双语/三语教育相结合

努力提升华文学校在所在国的影响力,改革创新、顺应国际发展潮流,为海外华文学校提供更好的华文教育典范[1],已成为越来越多华文学校办学的努力方向和自觉行动。为此华文学校从管理、育人和教学模式三方面不断加以改革创新,以优质办学打下了华文学校吸引力的坚实基础。

在管理方面,正如泰国南邦公立育华学校校长所言,细节出精华,学校的管理在于规范——规范学生,规范教师,做事情也要有一定的标准和规范;在教学中看得见的是质量,看不见的是品质,细节之处才能展现本质;育华学校在这方面总是严格把关,要求老师上课统一着正装,养成良

---

[1]　自贡解放路中学与泰国育华学校结对签约[EB/OL].[2009-12-11].http://jswm.newssc.org/system/2009/10/27/012394451.shtml.

好的行为气质规范①。菲律宾密三密斯光华中学名誉董事长戴龙辉也指出，“在华文教育事业发展的新形势下，我们认识到，办学不能只靠热心，学校要专业化，才能有更好的教学质量，培养更好的学生”②。注重规范和细节，突出专业化，为华文学校的优质教学提供了保障。

在育人和教学模式方面，由海外华人创办、菲律宾政府和中国政府都承认的高等教育学校——菲律宾中正学院，提供的课程为双语教学(即英语和中文同样是学校的指导语言)，此外，学校运用中国古代礼义廉耻为指导精神，伴以德智体群美的现代精神对学生的品质加以琢磨。缅甸仰光“东方”幼儿园和“妇协”幼儿园除了按规定用双语教学之外，又加了中文，这一融入了中华文化的“三语教学”模式独特而优秀，再加上各种教学软硬件的投入，受到了华人华侨家长们的钟爱，也得到当地缅甸同胞的认同③。悉尼丰华中文学校的教育目标是通过对中文教材的教学，使学生具备汉语普通话听、说、读、写的基本能力，并进一步推广中国文化教育，培养学生具有完整人格、创新意识和实践能力，使之成为全面发展的高素质双语人才和不同文化之间的交流使者④。阿根廷富兰克林中文学校除设置语文和数学专修课外，还开设了英文、西文、电脑等选修课程；为适应世界的需要，后在中文之外又将英文从选修课提升为必修课，实行双语教育，为社会培养优秀的双语人才，使他们在积极融入西方社会的同时，继续发扬中华民族的优秀传统文化，永远不忘自己是中华儿女，为做中国人而骄傲和自豪⑤。泰国国光慈善中学作为泰南民校课授华文的重要试验

---

① 自贡市缨美模校校长夏缨考察泰国育华学校有感[EB/OL].[2011-01-10]. http://zg.scjjrb.com/htmls/20101222085751.html.

② 我校华文学院与菲律宾华文教育中心、密三密斯光华中学董事会签署合作协议[EB/OL].[2012-01-10]. http://news.jnu.edu.cn/jianbao/getinfo.asp? ID=3611.

③ 缅甸福庆孔子课堂教师参观东方语言商业中心幼儿园[EB/OL].[2012-01-12]. http://www.chinanews.com/hwjy/2011/09-29/3362968.shtml.

④ 丰华中文学校[EB/OL].[2010-02-10]. http://www.hwjyw.com/hjzx/hjjg/dyz/hwhx/200707/t20070710_2413.shtml.

⑤ 阿根廷布宜诺斯艾利斯富兰克林中文学校[EB/OL].[2010-02-10]. http://www.hwjyw.com/hjzx/hjjg/nmz/hwhx/200707/t20070705_2224.shtml.

点,始终坚持弘扬华文教育,办学总目标落实"三语教学理念",泰中英各科一起发展,加强教学改革,提高学生综合素质,贯彻良好的教风和校风,为社会培育英才①。作为泰国华文教育翘楚的南邦公立育华学校,一直以来坚持"育人为本"的办学方向,在努力打造汉语优势的同时,加强理工类人才的培养,以更好地服务泰国社会的需要②。为此,2002 年,泰国南邦公立育华学校顺应新时代泰国华文教育的发展,成功开设了国际班,专门培养精通中、英、泰三种语言的人才③。正因为学校能顺应时代的潮流,再加上优质的办学效果,新学期里学生人数又创新高,达到 1553 人,各项事业正呈现出勃勃生机④。

二、生源日益多元,人才培养数量众多且卓有成效

以优质教学为保障,华文学校吸引力的具体表现之一,就是其生源日益多元,人才培养卓有成效。上文指出,21 世纪以来华文学校办学的一大新变化即其生源结构越来越呈现出多元化趋势。可以说这既是"中国热""汉语热"下催生的一种需求,也是华文学校办学长期积累的结果。"华文学校已经不完全是华侨华人子弟的学校,华文学校学生中的其他族群的人所占比例越来越大","华文学校已经不仅仅是面向华侨华人子弟,而是向整个菲律宾社会开放的",⑤菲律宾华文学校办学的这一情况在整个海外华文教育中有着代表性,新时期华文学校办学的开放性正折射出华文学校与日俱增的吸引力。

海外华文学校办学历史悠久,其人才培养不仅数量众多,而且成效显

---

① 国光学校教育慈善会辖下国光中学[EB/OL]. [2010-02-10]. http://www. hwjyw. com/info/organizations/Asia/schools/200707/t20070712_2486. shtml.

② 泰南邦育华学校与中南林业科大签合作办学协议[EB/OL]. [2012-07-10]. http://news. jschina. com. cn/system/2012/05/24/013406803. shtml.

③ 泰国南邦公立育华学校举办高三学生毕业典礼[EB/OL]. [2009-02-10]. http://news. 163. com/12/0229/11/7RE63C2O00014JB6. html.

④ 泰南邦育华学校与中南林业科大签合作办学协议[EB/OL]. [2012-07-10]. http://news. jschina. com. cn/system/2012/05/24/013406803. shtml.

⑤ 菲律宾将在公立中学开汉语课 华文教育人士表示欢迎[EB/OL]. [2011-09-10]. http://news. sina. com. cn/o/2011-02-24/223022010069. shtml.

著。如 2010 年 3 月,在第七届全菲科学知识竞赛中,三宝颜中华中学是唯一的华文学校代表,该校杨如立同学赢得中一组冠军,曾焕铭同学则获得小六组第五名,为学校争得荣誉与光彩①。2011 年 8 月,在由中国上海市海外交流协会等机构举办的"第三届鲁迅青少年文学奖"征文比赛中,菲律宾侨中学院加洛干分校中四戴志林同学荣获海外组一等奖,总校中四施尔莎和蔡丹萍两位同学荣获优秀奖②。菲律宾中正学院多年来培养了许多菲华精英人才,其毕业生活跃在全国政治、经济、贸易、金融、文化、体育等各个领域,不少已成为华人社会和商界领袖及政府官员③。有着光荣悠久历史的毛里求斯新华学校,培养了一批又一批毕业生,为普及中文教育、弘扬中华文化做出了重要贡献④。苏里南广义堂中文学校二十多年来,培育了一批又一批的优秀学生,可谓桃李满天下,他们遍布苏里南的各行各业,有驻华大使,也有华人议员。新西兰路易·艾黎中文学校 Kiwi 成人学员中有中学教师、小学校长、医生、幼儿园教师以及家庭主妇等,其中有 4 位学员来自市政府,包括新中友协基督城分会主席 Judy Livingstone。澳大利亚标准中文学校开设的成人中文班中有不少澳大利亚联邦政府官员⑤。泰国南邦公立育华学校几十年来坚持"育人为本,质量第一"的教学方针,已为泰国政、工、商、医界及文化教育等各行各业输送了大批优秀华语人才,2001 年该校通过泰国教育部审核,成为达标

---

① 华裔学生荣获菲律宾科学知识竞赛中一组冠军[EB/OL]. [2011-08-10]. http://www. chinanews. com/hr/hr-yzhrxw/news/2010/03-03/2149747. shtml.

② 菲侨中学院学生喜获鲁迅青少年文学奖征文一等奖[EB/OL]. [2011-08-21]. http://news. cntv. cn/20110808/110551. shtml.

③ 中国大使首次访问菲律宾中正学院[EB/OL]. [2012-08-21]. http://www. fmprc. gov. cn/chn/pds/wjdt/zwbd/t185327. htm.

④ 驻毛里求斯大使高玉琛出席新华学校建校 96 周年庆祝活动[EB/OL]. [2012-08-21]. http://www. fmprc. gov. cn/chn/pds/gjhdq/gj/fz/1206_37/1206x2/t521721. htm.

⑤ 驻澳大利亚大使馆向堪培拉澳大利亚标准中文学校赠送图书[EB/OL]. [2012-06-20]. http://www. sino-education. org. au/chn/view. php? id=227&tid=9.

学校①。正因为上述显著的人才培养成效,再加上华文在世界上扮演的角色越来越重要,故在许多地方出现本地族裔仰慕中华文化,"子女能上华文学校读书,父母引以为荣"②的情况也就不足为怪了。

三、资源优势日显,越来越受到当地政府的重视

伴随着华文教育的发展,在优质办学吸引众多生源的同时,当地政府也越来越认识到华文学校的资源意义,或利用华文学校宣传当地;或参与华文学校活动,巩固与华侨华人的关系;在许多国家华文学校更是被看作增进中外友谊的象征。如在韩国首尔华侨小学 2009 年百年校庆时,首尔市政府即认为这是向华语圈人士宣传首尔的一次非常难得的好机会,不仅为庆典提供了赞助,而且还投入预算在校园里建"韩中友好宣传馆",校庆当天积极向出席活动的国内外华侨企业家宣传首尔市,首尔市有关负责人表示"将通过这次活动,与国内外华侨建立并巩固友好关系"③。再如 2011 年 9 月 10 日,新西兰基督城路易·艾黎中文学校与坎特伯雷大学孔子学院联合举办"同赏中秋月,共叙华夏情"中秋晚会,来自不同党派的新西兰国会议员、市议员积极参与,国家党国会议员与路易·艾黎中文学校的工作人员一同合唱《月亮代表我的心》,工党国会议员则向在场的观众转达工党对华人中秋节的祝愿,并对华侨华人全力配合支持基督城大地震期间的救灾及灾后重建工作表示感谢④。2005 年 10 月,在奥地利维也纳中文学校建立 10 周年之际,奥地利总统菲舍尔邀请该校师生代表到总统府做客;2010 年 10 月,在奥地利维也纳中文学校建校 15 周年之际,菲舍尔总统又到校访问,与在校师生共同庆祝,并借此机会祝贺中国

---

①　泰国南邦公立育华学校[EB/OL].[2011-03-20].http://www.hwjyw.com/info/content/2011/01/14/14207.shtml.

②　说颜市话颜中[N/OL].[2010-04-04].http://www.qzwb.com/gb/content/2006-04/04/content_2036937.htm.

③　首尔明洞华侨小学建校百年庆典今日举行[EB/OL].[2012-07-20].http://blog.sina.com.cn/s/blog_626cce300100fo9o.html.

④　路易·艾黎孔子学院联合举办中秋联欢晚会[EB/OL].[2012-08-22].http://www.nzchinese.com/jiducheng/108052.html.

生日快乐,祝愿中国有一个更加美好的未来①。这些都说明华文学校的资源优势日益显著,在受到当地政府重视的同时,其影响也越来越大。

由上述华文学校办学对中华文化影响力的分析可以看出,由华文教育所实现的文化传播不仅是中国软实力构建的重要组成部分,也是中国软实力构建的宝贵资源和独特优势。要做好新时代的中华文化传播工作,华文学校是当之无愧的重要依托。

---

① 维也纳中文学校建校 15 周年[N/OL]. [2011-10-14]. http://wzrb.66wz.com/html/2010-10/14/content_768044.htm.

第四章　华文学校与孔子学院

　　孔子学院是 21 世纪以来,伴随着汉语国际推广战略的实施而创办的教育机构。它以中外合作为基本运营模式,致力于适应世界各国(地区)人民对汉语学习的需求,增进世界各国(地区)人民对中国语言文化的了解,加强中国与世界各国教育文化的交流合作,发展中国与外国的友好关系,促进世界多元文化发展,构建和谐世界。华文学校是华侨华人在海外创办的开展民族语言文化教育的办学单位,是扎根于所在国社会的教育机构,被称为海外华人社会的"留根工程"和"希望工程"。它历史悠久,不仅致力于海外华族自身的语言文化传承以保持民族特性,而且积极向世界传播和弘扬华语和中华文化,在增进中外文化交流互鉴,提升中华文化国际影响力,增进中国同世界各国人民友好交往等方面发挥着独特作用,做出了重要贡献。

　　孔子学院和华文学校作为在海外开展汉语和中国文化教学的单位,其性质虽不尽相同,但近年来伴随着世界"汉语热"和"中国热"的不断升温,均获得了长足发展。在中国国家软实力构建的背景下,两者如何加强合作、互助共赢已成为新的时代课题。

第一节　孔子学院建设进展及办学活动

　　孔子学院/课堂自 21 世纪设立以来,获得了快速发展,它以开展汉语教学和举办文化活动为主要办学内容,在汉语国际推广中发挥了重要作用,被誉为向世界传递中国问候的"新名片"、连接中国和世界人民的"心灵高铁"。

一、孔子学院/课堂的建设进展

孔子学院初设于 2004 年,是年 11 月海外首家孔子学院在韩国首尔成立。2006 年 3 月,我国开始实施汉语国际推广战略,孔子学院作为该项战略的综合集成品牌和有力抓手,获得迅速发展。截至 2017 年 12 月 31 日,全球 146 个国家(地区)建立了 525 所孔子学院和 1113 个孔子课堂。孔子学院遍及 138 国(地区)共 525 所,其中亚洲 33 国(地区)118 所,非洲 39 国 54 所,欧洲 41 国 173 所,美洲 21 国 161 所,大洋洲 4 国 19 所;孔子课堂遍及 79 国(地区)共 1113 个(科摩罗、缅甸、瓦努阿图、格林纳达、莱索托、库克群岛、安道尔、欧盟只有课堂,没有学院),其中亚洲 21 国 101 个,非洲 15 国 30 个,欧洲 30 国 307 个,美洲 9 国 574 个,大洋洲 4 国 101 个。①

孔子学院分布广泛,教学对象多元,创办以来为保证教学开展和中国语言文化传播,采取了一系列重要举措:为缓解海外师资短缺的压力,经遴选培训,大量汉语教师陆续外派任教;为充实拓展外派师资的来源,实施国际汉语教师志愿者项目,为外派师资队伍增加了活力;着眼于长远人才培养和学科建设,以对外汉语教学为借鉴,设置汉语国际教育专业硕士,国内与国外人才培养并举;为从深层次上破解"三教"(教师、教材、教法)问题对汉语教学的困扰,相继研发制定《国际汉语教师标准》《国际汉语教学通用课程大纲》《国际汉语教材编写指南》等;加速建设孔子学院数字图书馆、教学案例库、信息库等数字化平台,开发配送多语种教材、本土化教材及影视、戏剧、音乐、文学等文化资源;为适应世界各地汉语学习者对汉语考试的需求,先后推出新的汉语水平考试(HSK)、汉语水平口语考试(HSKK)、中小学生汉语考试(YCT)、商务汉语考试(BCT)和孔子学院/课堂测试(HSKE);为配合实体孔子学院教学,更好地服务于全球汉语爱好者及孔子学院师生,网络孔子学院开发运营,并不断升级;为帮助世界各国青年深入了解中国和中华文化,繁荣汉学研究,促进孔子学院

---

① 孔子学院[EB/OL]. [2018-02-01]. http://www.hanban.edu.cn/confuciousinstitutes/node_10961.htm.

可持续发展,实施"孔子新汉学计划";等等。在上述举措的支撑、保障下,孔子学院办学成绩颇为显著,2017 年"中外专兼职教师 4.62 万人,各类面授学员 170 万人,网络注册学员 62.1 万人"①。

二、孔子学院/课堂的办学活动

孔子学院以开展汉语教学为基本定位,同时提供与汉语学习相关的各项服务,提供中国教育、文化等信息咨询,推动中外教育、文化等方面的交流合作。其办学活动可以概括为开展汉语教学培训和举办各类文化活动两个大的方面。

(一)开展汉语教学与培训

孔子学院面向所在大学和社会开设各种类型的汉语课程。其中既有非学历的汉语培训课程,也有可获学分的汉语选修课程,还有面向幼儿、青少年及社会公众的汉语教学课程;参加学习的既有在校大学生、研究生,也有政府官员、企业家、公司职员、教师、艺术家、待业及退休人员,还有到过中国的记者和商人等②。近年来孔子学院汉语教学与培训的总体情况可见表 4-1:

表 4-1　2006—2016 年孔子学院/课堂汉语教学与培训情况表

年度	学院/课堂分布与数量		各类汉语教学情况（课程/班次等）	注册学员
	分布国家/地区数	已建数量		
2006	49 个	122 所学院（含课堂）	300 多门	1.3 万人
2007	66 个	226 所学院（含课堂）	1200 多个班次	4.6 万人

---

① 孔子学院总部/国家汉办.孔子学院年度发展报告 2017[R].北京:孔子学院总部/国家汉办,2017:1.

② 徐丽华.孔子学院的发展现状、问题及趋势[J].浙江师范大学学报(社会科学版),2008(5):25-31.

续表

年度	学院/课堂分布与数量		各类汉语教学情况（课程/班次等）	注册学员
	分布国家/地区数	已建数量		
2008	78 个	249 所学院 56 个课堂	6000 多个班次	13 万人
2009	88 个	282 所学院 272 个课堂	9000 多个班次	26 万人
2010	96 个	322 所学院 369 个课堂	18000 多个班次	36 万人
2011	105 个	358 所学院 500 个课堂	24000 个班次	50 万人
2012	108 个	400 所学院 535 个课堂	34000 个班次	65.5 万人
2013	120 个	440 所学院 646 个课堂	40000 个班次	85 万人
2014	126 个	475 所学院 851 个课堂	67000 个班次	111 万人
2015	135 个	500 所学院 1000 个课堂	72000 个班次	190 万人
2016	140 个	513 所学院 1073 个课堂	缺数据	210 万人

资料来源:孔子学院总部/国家汉办《孔子学院年度发展报告》

(二)举办各类文化活动

举办各类文化活动是孔子学院另一大办学内容,这些活动既包括孔子学院/课堂日常的文化活动,如中文才艺大赛、语言文化夏令营、科技周、汉语作文比赛、汉语演讲比赛、端午晚会、中秋晚会、新年联欢、中国文化论坛、儒经诠释讲座、中国文化讲座、中国电影之夜、中国摄影展、文化中国开放日、中国文化谈、中国文化艺术节,等等,也包括孔子学院总部组织的大型专门文化活动,其总体情况,可见表4-2、表4-3:

表4-2 2006—2016 年孔子学院/课堂文化活动总体情况表

年度	文化活动数量	参与人数
2006	各种文化、经贸讲座及展览、演出等活动(无具体数据)	22 万余人
2007	介绍中国的专题讲座 500 余次,展览和主题节日等 400 多场(次)	逾 100 万人
2008	很多丰富多彩的中外文化交流活动(无具体数据)	140 多万人
2009	各类文化活动 7500 多场	300 多万人
2010	各类文化活动 10000 多场	500 多万人
2011	各类文化活动 13000 场	722 万人
2012	各类文化活动约 16000 场	948 万人
2013	各类文化活动 20000 多场	920 多万人
2014	各类文化活动 30000 场,其中学术讲座和研讨会 5531 场	无具体数据
2015	各类文化活动 36000 场,其中学术讲座和研讨会 5631 场	无具体数据
2016	各类文化活动 41000 场	1300 万人

资料来源:孔子学院总部/国家汉办《孔子学院年度发展报告》

表 4-3 2006—2016 年孔子学院总部组织文化活动举例

年度	大型专门活动
2006	组织中国语言文化巡讲团,赴美国 10 个州的 66 所大中小学和教育机构,共举办中国文化讲座等宣讲活动 180 余场,美国有关学区督学、校长、AP 中文项目负责人、教师、学生及家长等 15000 余人参加
2007	派遣 3 组中国语言文化宣讲团赴美国 7 个州、约 70 所大中小学和教育机构举办文化讲座等活动 120 余场,吸引当地 20000 余人参加;举办汉语教学资源展、参加国外图书展
2008	派出中国语言文化讲师团赴美 36 所中小学和教育机构举办宣讲活动 60 多场,有关学区督学、校长、教师、学生等 7000 余人参加
2009	从国内高校选派 40 多个小分队与 270 多所孔子学院联合开展中华文化巡讲、巡演、巡展活动;赴各孔子学院庆祝新中国成立 60 周年文艺巡演
2010	组织国内教育厅(委)和高校 60 多个团组,赴 50 个国家 300 余所孔院及相关单位开展"三巡"活动 616 场次,吸引观众 44 万余人;组织参加 14 个语言文化图书展览,举办各类推介会、专题报告会、文化活动 209 场,观众 28 万人次;派遣中国语言文化宣讲团赴美国 58 所中小学和教育机构举办宣讲活动 88 场,听众 18900 人;组织参加俄罗斯、西班牙"汉语年"活动,各类文化活动 300 多场、30 多万人参加
2011	组织孔子学院参加西班牙、法国"汉语年",共开展各类文化活动 650 多场,吸引 34 万余人参加;2011 年春节期间,组织国内 35 所高校的相关人员分赴 46 个国家,开展中华文化巡讲、文艺巡演、教材巡展活动 500 多场,观众 40 万人
2012	组织孔子学院参加法国"汉语年"、德国"中国文化年",开展文化活动 200 多场,50 多万人参加;组织中国高校 56 个团组,分赴 60 个国家 300 个孔子学院及周边地区开展文化巡讲、文艺巡演、教材巡展活动 600 多场,观众 60 万人

续表

年度	大型专门活动
2013	邀请中外学者、专家赴 102 国孔子学院举办讲座、论坛共 5364 次;在德国、比利时、奥地利、荷兰、斯洛文尼亚 5 国 19 所孔子学院试点开展"孔子学院汉语日"活动,约 6 万人参加;组织 13 所中国高校大学生艺术团,分赴五大洲 16 个国家 50 所孔子学院及周边地区开展文化巡讲、文艺巡演、教材巡展活动 122 场,观众 15 万人
2014	举办首个全球"孔子学院日",全球 126 个国家 1200 多所孔子学院和课堂共举办活动 3900 多场,参加活动者超过 1000 万人;举办首个"孔子学院总部开放日"活动,开展文化沙龙、学术讲座、文化体验、文艺演出、汉语教学示范课、展览、业务咨询及召开中资企业座谈会等 10 类共 28 场活动,近 3000 名在京外国友人和北京市民参加;邀请中外学者、专家赴 104 国孔子学院举办讲座、论坛共 5531 次;组织 36 所中国高校大学生艺术团和 2 个专业演出团,分赴五大洲 35 个国家 188 所孔子学院及周边地区开展文艺巡演活动 299 场,观众达 40 万人
2015	举办第二届"孔子学院总部开放日"活动,开展使节论坛、文化讲座、戏曲表演、留学生联欢等 6 类 11 场活动,来自 38 国的驻华使馆、文化机构、总部理事单位、在京中方院校代表及留学生等 500 余人参加;近 3000 名在京外国友人和北京市民参加;全球 108 个国家 404 所孔子学院同步举办第二届全球"孔子学院日"活动 1400 多场,受众 120 多万人;组织 44 个中国高校学生艺术团和专业演出团,分赴五大洲 57 个国家 260 所孔子学院及周边地区开展文艺巡演活动 320 场,观众达 52 万人
2016	全球 129 个国家的 350 多所孔子学院成功举办了第三届"孔子学院日"活动,开展各类文化活动 1500 多场次,受众达 50 万人;组织 30 个中国高校学生艺术团和专业演出团,分赴 35 个国家 122 所孔子学院(课堂)及周边地区开展文艺巡演活动 201 场,观众达 15 万人

资料来源:孔子学院总部/国家汉办《孔子学院年度发展报告》

由此可见,文化活动的开展已成为孔子学院办学的重要方面,孔子学院也在汉语教学之外向综合性文化交流平台发展。由于近年来"各国民众学习汉语的需求日趋多样,涉及经贸合作、人文交流等多个领域,从大中小学生到社会成人等不同年龄层次的人群",故各地的孔子学院还要适应新形势,"扩大服务领域,充实教学内容,丰富文化活动"。①

第二节　华文学校与孔子学院的异同比较

由上述孔子学院的办学情况可以看出,作为向世界推广汉语和中华文化的办学机构,孔子学院与华文学校的确存在许多相同之处。具体而言,两者均以向世界传播汉语和中华文化为目的,在具体办学中均以汉语教学和文化活动开展为主要依托,在国家软实力构建的视野下两者均能服务这一战略并发挥重要作用。但在我们明确两者同一性的同时,也应当认识到两者之间还存在诸多差异,这些虽不是根本性的差异,但明了它们,对于我们客观看待其影响作用,准确把握其规律特点,从而将两者更好地统一于提升国家软实力的战略实践中,促进其共同发展,具有重要意义。

一、办学历史与数量规模

前文中已经指出,海外华文学校伴海外华族社会的出现而创办,其历史十分久远,如从有文字记载的海外第一所旧式华文学校——1690年荷印巴达维亚(今雅加达)义学明诚书院算起,海外华文学校的办学历史已有三百年之久;即使从海外华侨第一所新式学校——1897年日本横滨中西学校(1898年改名为大同学校)算起,至今也已有一百多年的历史。海

① 刘延东.面向未来 携手合作 共同谱写孔子学院发展新篇章——在第六届孔子学院大会上的致辞[J].孔子学院,2012(1):26-28.

外华文学校创办后,伴时代发展而历经风雨,至今全世界的华文学校已有两万多所[①]。而孔子学院的创办则是较为晚近的事,因应了世界"汉语热"的需求,发展迅速,自2004年至今,短短13年时间已有500多所孔子学院和1000多个孔子课堂在全世界140多个国家和地区设立。孔子学院发展虽快,但就办学历史与数量规模来讲,尚不能与华文学校比肩。

二、办学性质与面向对象

作为华侨华人在海外创办的民族语言文化教育机构,华文学校深深扎根于所在国社会,是所在国教育体系的一部分。其教育对象虽主要以华裔子弟为主,但近年来其生源结构也日益多元化,使其作为所在国教育一部分的特征愈益明显。由于办学历史悠久,并以规范的基础教育为主,华文学校的办学可以说是扎实而稳固。而就孔子学院的性质而言,则属于中外合作办学。一般首先由国外大学提出申请,经审批后与中国国内一所大学"结对",双方组建理事会,在人、财、物三方面共同投入并进行管理。在具体的合作方式中,除了中外高等学校合作的模式(多数孔子学院以该方式为主)外,还有中外高校联合跨国公司合作的模式(如由法国普瓦提埃大学、中国南昌大学和中兴公司三方共同合作建立的普瓦提埃大学孔子学院)、外国政府与中国高校合作的模式(如由芝加哥公立教育局与国家汉办以及华东师范大学共同合作创办的芝加哥孔子学院)以及外国社团和中国高校合作的模式(如美国华美协进社孔子学院)[②]。应当说,孔子学院是在新形势下,立足"双赢、共赢",整合中外资源和力量,联合搭建起的一个面向所在国国民高校学生及当地社会的教育平台。一为所在国所固有,主要面向"海外侨胞的子女,包括华裔青少年、中年甚至是老年",一为所在国所接受拥有,主要面向"'洋人',以外国的青年为

---

①　中国侨务高官连访中文学校 期盼中华文化留根海外[EB/OL].[2012-05-01].http://www.chinanews.com/zgqj/2012/02-05/3645594.shtml.

②　周志刚,乔章凤.海外孔子学院合作办学模式探析[J].江苏高教,2008(5):32-35.

主"①,华文学校和孔子学院的立足点和侧重面显然有所不同。

三、办学内容与作用影响

无论是孔子学院还是华文学校,开展汉语教学和文化活动都是其主要的办学内容。就汉语教学而言,孔子学院在开办后,根据不同国家/地区的文化背景,组织开发了与数十种语言对照的核心教材,同时还针对不同的教学对象,开设了适应学生、商务人员及普通民众等的汉语课程;汉语作为选修课,在教学方法上,注重第二语言教学,同时亦借鉴国际上教授第二语言的新方法。在汉语教学的同时,孔子学院还提供与汉语学习相关的各项服务,如组织开展汉语水平考试、举办汉语教学资源展,等等。华文学校的汉语教学多以中国国务院侨办组织编写的《幼儿汉语》和《中文》为教材,汉语课程作为必修课,注重与基础教育层次相衔接,在教学方法上从华裔青少年的实际出发,第一语言教学与第二语言教学兼行。除了单纯的汉语教学,华文学校还十分重视对中华文化的教学,中国国务院侨办为此专门组织编写了《中国历史常识》《中国地理常识》《中国文化常识》教材,深受华文学校学生的喜爱和欢迎。就文化活动而言,孔子学院的日常文化活动既有图书、摄影展览,也有京剧、电影展演;既有夏令营、各类比赛、传统节日庆典,也有专题文化讲座、文化论坛、文化周、文化月、文化节,等等,其内容涉及中华文化的方方面面。华文学校的日常文化活动也是形式多样、内容丰富,既有中秋联欢会、春游、春节联欢会、作文比赛、中文演讲比赛,也有华文歌唱比赛、讲华语故事比赛、中国知识竞赛、书法比赛、中国舞蹈比赛以及猜谜语、对对联,等等。值得一提的是,华文学校的文化活动虽没有那么热闹眩目,但于朴实无华中,透露出坚定执着的精神,如日本横滨山手中华学校定期举办的中文演讲比赛,始于1961年,至今已走过了半个世纪,共举办50届,已成为该校的特色和传统②。

通观孔子学院和华文学校的办学内容,由于面向的对象不尽相同,故

---

① 赵阳以踢足球喻华文教育:没有"根"容易摔跟头[EB/OL].[2012-06-01].http://news.xinhuanet.com/overseas/2012-05/19/c_123155568.htm.

② 日本横滨山手中华学校举办第50届中文演讲比赛[EB/OL].[2011-01-10].http://www.chinanews.com/hwjy/2010/11-19/2667708.shtml.

两者在汉语和中华文化的教学理念上也不完全一样。在孔子学院的办学中,汉语是基于交际运用的一种语言,中华文化是多元文化中的一种,有助于相互了解,所以孔子学院办学之于汉语和中华文化重在传播,"教学"色彩明显;而在华文学校的办学中,无论是汉语还是中华文化乃是本民族的精神家园,掌握汉语和中华文化是民族认同的需要,故华文学校办学之于汉语和中华文化重在传承,"教育"色彩显著。正如毛里求斯的情况一样,尽管伴随着汉语国际推广战略的实施,越来越多的当地学校开设了汉语选修课程,但当地还有华人开办的新华学校,供有需要的孩子更深入地学习汉语①。

　　综上,从办学历史与数量规模来看,如果将 21 世纪以来因应海外汉语学习需要而兴起的孔子学院看作海外汉语教学的新生力量,那么办学历史悠久、基础深厚的华文学校堪称长期以来支撑海外汉语教育教学的中坚;从办学性质来看,如果说孔子学院的中外合作办学更多体现的是"巧实力",那么扎根于所在国社会、有着较完备基础教育体系的华文学校表现出的则是"硬实力";从面向对象来看,孔子学院虽以所在国国民高校学生为主,但其中也不乏华裔,华文学校虽以华裔学生为主,但也兼及非华裔学生,可以说两者是你中有我,我中有你;从办学内容与作用影响来看,如果说孔子学院的汉语和中国文化教学以传播为目的,重在教学,侧重面上的扩展,华文学校的民族语言文化教育则以传承为宗旨,突出教育,重在纵向的延伸。

第三节　华文学校与孔子学院的合作探讨

　　由以上分析可以看出,孔子学院和华文学校作为两个从事海外汉语和中华文化教学的办学实体,既有共同性又有差异性。如果从中国文化软实力构建的角度出发,两者都是可以服务于汉语国际推广战略的宝贵

---

① 毛里求斯再掀中国文化热 学习汉语成为当地新风尚[EB/OL].[2011-12-30].http://news.66wz.com/system/2011/12/16/102914225.shtml.

资源,两者的差异性正反映出不同的着力点及互补性,将两者有机结合起来,则可做到点面结合,既有利于海外华族民族性的保持,又拓展了汉语和中华文化的影响面,从而可以在深度和广度上推进汉语国际推广战略的实施,推动国家软实力构建。

一、合作基础

(一)满足华裔青少年的华文学习需求,支持华文学校办学,本是汉语国际推广的题中应有之义

从理论上讲,汉语国际推广以向世界推广汉语和中华文化为基本宗旨,华侨华人及其子女作为旅居海外的特殊的"外国人",自然是这一战略目标中的一部分。从实践上讲,有学者认为"如今的海外汉语学习者,至少有70%是华人华侨子弟,非华裔的华语学习动力并不强"①,若果真如此,则目前的汉语国际推广形势从某种程度上讲,是依靠了华裔子弟的支撑和助推。另外,汉语国际推广作为一项国家战略,惠及海外华侨华人也是其应尽的责任和义务。华侨华人在长期的生存和发展过程中,为传承民族语言文化,依靠自身力量不遗余力地兴办华文教育,在资金、师资、教材等方面遇到了不小的困难和压力,作为祖(籍)国没有理由不给予支持。2004年3月,中国国家主席胡锦涛在参加全国政协会议时曾指出:中华民族之所以几千年始终不衰,其中文化的凝聚力是很重要的因素;无论从优秀传统文化的传承角度考虑,还是对骨肉同胞的亲情考虑,都应对海外侨胞开展华文教育给予帮助和支持;要加大政府的投入,动员各方面的力量来支持这件事情。2010年7月,时任国家副主席习近平在2010年海外华裔及港澳台地区青少年"中国寻根之旅"夏令营开营仪式上也曾指出:团结统一的中华民族是海内外中华儿女共同的"根",博大精深的中华文化是海内外中华儿女共同的"魂",实现中华民族伟大复兴是海内外中

---

① "中国语言生活状况报告"课题组.中国语言生活状况报告(2009):上编[R].北京:商务印书馆,2010:116.

华儿女共同的"梦"①。而将国家的汉语国际推广战略与满足华裔青少年的华文学习需求、支持华文学校办学统一起来,无疑是"加大政府投入""动员各方力量"的具体体现,也是最合适的对接。再就汉语国际推广战略在海外的反响来看,伴随着孔子学院的陆续兴办,海外华侨华人也对其满怀希望和期待,他们不仅把孔子学院看作自己的精神家园,把它当作子孙后代学习祖国语言文化的重要场所②,而且对中国国家汉办向海外华文学校派遣志愿者、赠送汉语教材,将汉语国际推广与华文教育联系起来的做法,更是热烈欢迎,认为这"让海外华人华侨子女能够加深对自己母语的理解和应用"③。

(二)在汉语国际推广过程中,华侨华人给予了大力支持和帮助,要推进这一战略的实施也需要重视和发挥华侨华人的作用

前文指出,由海外华侨华人及华文教育所实现的中华文化传播不仅是中国国家软实力构建的重要组成部分,也是中国国家软实力构建的宝贵资源和独特优势。作为国家软实力构建重要举措的汉语国际推广,其推动和实施同样离不开华侨华人及华文教育的参与。2011年,据国家汉办负责人介绍,在"(孔子学院)外方院长与教师队伍中,有对中国有感情、愿为中国服务的优秀华人,他们占孔子学院院长的几乎一半"④。2010年,菲律宾亚典耀大学孔子学院大约有十几位老师,除了一位中方院长和一名志愿者以外,其他老师都是兼职来做教师的当地华人⑤。其他如:缅甸华侨华人为孔子课堂踊跃捐款;博茨瓦纳大学孔子学院庆祝中国节,华

---

① 2010年海外华裔及港澳台地区青少年"中国寻根之旅"夏令营开营 习近平出席并讲话[EB/OL]. [2011-07-30]. http://politics. people. com. cn/GB/12243196. html.

② 刘汉俊,翁淮南.孔子学院:中国文化"走出去"的成功范例——访国务院参事、国家汉办主任、孔子学院总部总干事许琳[J].党建,2011(11):52-55.

③ 驻苏里南使馆兰崇信参赞偕公派汉语教师出席苏侨界欢迎宴会[EB/OL]. [2012-05-30]. http://www. fmprc. gov. cn/chn/gxh/cgb/zwbd/jghd/t775436. htm.

④ 刘汉俊,翁淮南.孔子学院:中国文化"走出去"的成功范例——访国务院参事、国家汉办主任、孔子学院总部总干事许琳[J].党建,2011(11):52-55.

⑤ 成长,感动——菲律宾汉语志愿者实习报告[EB/OL]. [2012-05-30]. http://scsl. sysu. edu. cn/show. php? contentid=932.

侨华人积极响应；在土耳其，由于"这里华人华侨较少，汉语教学的基础还比较薄弱"，故孔子学院办学自然就"不同于美国、日本的孔子学院"①，而在华侨华人聚居最为集中、华文教育历史最为悠久的东南亚地区，其孔子学院/课堂建设之所以能取得"显著进展"并取得"成功经验"②，其中的原因也就不难理解。以上这些都充分说明汉语国际推广不仅离不开华侨华人的推动，而且应该重视和发挥华侨华人的作用。因为"在这一过程中，具备了海内海外两种视角、连接起海内海外两种文化的海外华侨华人"不仅有着丰富的智慧和经验，而且"也必将承担起更大的责任"③。作为有着上百年历史的海外华文教育，虽几经沧桑，但目前全世界的华文学校仍有两万多所，这既打下了海外汉语教学的雄厚基础，自然也是推动汉语推广的重要力量。正如有学者指出的："在国际汉语热背景下，中国的汉语推广应充分重视和利用海外华文教育资源，对海外华文教育加以大力扶持，积极推广汉语，加速汉语的国际化进程，从而有利于中华文化的传播和软实力构建。"④

（三）汉语国际推广与海外华文教育本就是有机统一的整体，相互配合，才会相辅相成，共创双赢

前文指出，孔子学院与华文学校均以向世界传播汉语和中华文化为目的，在办学目标上并没有根本的不同，而在办学性质和具体运作中，两者虽存在一定的差异，但我们也看到，华文学校虽以华裔学生为主，但也兼及所在国的非华裔学生；孔子学院虽以所在国国民学校学生为主，但也包括华裔学生，两者其实是你中有我，我中有你，很难截然分开。可以说，

---

① 孔子学院是中华文化传播和传承的平台[EB/OL].［2011-07-13］. http://news. 163. com/10/0527/14/67MQHHL3000146BD. html.

② 亚洲地区孔子学院 2010 年联席会议举办[EB/OL].［2011-03-02］. http://www. hanban. edu. cn/article/2010-07/02/content_153938. htm.

③ 华侨华人渐成中华文化传承重要助力[EB/OL].［2012-03-28］. http://news. 163. com/10/0831/15/6FE5PI3A0001125P. html.

④ 周聿峨,罗向阳. 论海外华文教育与中国汉语推广[J]. 贵州社会科学,2008(6):119-124.

"它们就像一个球队的左右先锋,一个人的左右手,缺一不可"①,是一个有机统一的整体。

在现实办学中,一方面,以主流社会为主攻方向的汉语国际推广,通过相关活动的开展,营造了汉语氛围,由此使所在国政府和民众对华文教育有了新认识,有利于华文学校价值的彰显和办学地位的提高;另一方面,历史悠久的华文教育,既在所在国社会打下了深厚的汉语基础,也是支撑、助推汉语推广在当地开展的重要纽带和力量。如在老挝,以国家汉办为主组织的第二届中文歌曲大赛"在当地掀起了民众踊跃参与的热潮",而获得一等奖的选手苏琳阳则是曾就读于万象华文学校——寮都公学的学生,这无疑是对当地民众进行了一次很好的华文教育办学宣传。再如菲律宾教育部 2011 年 2 月 24 日宣布将首次在公立中学中开设汉语课程,并透露"菲公立学校汉语课教师来自当地华文学校",对此菲律宾华文教育中心副主席黄端铭认为主流的公立学校开办汉语课,是对当地华文学校汉语教学的肯定,对提高华文学校汉语教学的地位很有帮助②。又如泰国,2010 年 6 月,由泰国农业大学孔子学院、佛丕光中公学联合承办的泰国中西部第三届"汉语桥"学生中文演讲比赛在当地华文学校——佛丕光中公学拉开帷幕,来自中西部各华文学校的选手们齐聚一堂,分享学汉语的乐趣,使比赛高潮迭起,最后龙仔厝三才公学的学生在比赛中获得优异成绩③。2011 年 10 月,在第四届"汉语桥"世界中学生中文比赛预赛期间,泰国西部地区的华文学校——龙仔厝三才公学是全泰六个赛区的主办单位之一,它与此次比赛的协办单位——曼松德·昭帕亚皇家师范大学孔子学院通力合作,组织了三才公学、健华学校、致中学校、光中学

① 赵阳以踢足球喻华文教育:没有"根"容易摔跟头[EB/OL].[2012-06-01]. http://news. xinhuanet. com/overseas/2012-05/19/c_123155568. htm.
② 菲律宾将在公立中学开汉语课 华文教育人士表示欢迎[EB/OL].[2011-03-25]. http://news. sina. com. cn/o/2011-02-24/223022010069. shtml.
③ 三才公学中文教学成绩出类拔萃 该校学生参加中西部"汉语桥"中文演讲比赛取得佳绩[EB/OL].[2012-02-01]. http://www. fristweb. com/user/thaichinese/index. php? langtype=cn&pageid=cn_34&add=view&id=1379.

校等七所学校参加,比赛取得圆满成功①。这些都彰显出将汉语国际推广与海外华文教育统一起来,一定能为汉语和中华文化在全世界的弘扬带来新气象。

二、合作策略

令人欣慰的是,伴随着 21 世纪以来海外华文教育的发展和汉语国际推广战略的实施,作为办学实体的华文学校和孔子学院之间的联手合作已越来越自觉和密切,合作形式日益多样,合作内涵不断丰富。一方面,"国家汉办在向国外主流社会开展汉语国际推广的同时,也尽力满足华侨华人社会的需求,'孔子课堂'、教师培训、汉语水平考试等项目落户华文学校,广大华文教师和华裔学生从中受益"②;另一方面,海外有"5000 万以上的华侨华人和超过 100 万的留学生",借助其"既了解当地的社会情况,掌握当地语言,同时对于汉语和中国文化也有一定的了解"③的优势,在汉语国际推广中发挥着越来越重要的作用。相信这种联手合作、合力共推,必将大大有助于汉语和中华文化的世界传播,从而推动中国国家软实力的构建。

(一)汉语国际推广资源向华文学校倾斜

1.华文学校建立孔子课堂

在汉语国际推广中,除了中外合作在高校中建设孔子学院外,依托孔子学院,在中小学中建设"微型孔子学院"——孔子课堂也是重要的办学形式。孔子课堂作为孔子学院的卫星机构,它的设立反映出汉语国际推广的不断扩展,同时由于它的承办单位多为外方中小学,而这与华文教育的办学层次正相契合,故在华文学校建设孔子课堂即成为汉语国际推广与华文教育合作的重要领域和途径。自 2006 年 11 月 16 日全球首家孔

---

① "汉语桥"世界中学生中文比赛泰国西部地区预赛圆满落幕[EB/OL].
[2011-11-01]. http://www. hanban. edu. cn/article/2011-06/30/content _ 273954.
htm.

② 赵阳细数海外华文教育的新变化、新特点[EB/OL]. [2010-08-01]. http://www. chinanews. com. cn/hwjy/news/2009/10-20/1920239. shtml.

③ 刘菲. 孔子学院,风靡全球[N]. 人民日报(海外版),2007-12-10(1).

子课堂——泰国岱密中学孔子课堂揭牌成立以来,迄今已设立了 1100 多家孔子课堂,其中一部分孔子课堂就设在华文学校内。如在泰国,2009年 3 月 6 日揭牌成立的合艾国光中学孔子课堂,是中国国家汉办和泰国教育部合作共建的首批 10 家孔子课堂中首家揭牌的孔子课堂,也是泰国南部第一个孔子课堂。此外,泰国的南邦公立育华学校孔子课堂、坤敬公立华侨学校孔子课堂、明满学校孔子课堂、彭世洛醒民公立学校孔子课堂等也均设在华文学校内。缅甸也是类似的情况,2008 年 2 月 3 日获准设立、2009 年 5 月 14 日揭牌的曼德勒福庆学校孔子课堂,以幼儿园与小学为主,其汉语学习班除了正规小学班,还有成人速成班;2008 年 2 月签署协议、2009 年 12 月揭牌的福星孔子课堂,不仅设有汉语基础班、汉语提高班、汉语作文班、实用汉语电影欣赏班,而且还有汉语水平考试(HSK)中级、高级班,该校/课堂既建有"长城汉语课堂""中华文化体验角",也主办中华文化大乐园夏令营,"把孔子课堂办成华文教育示范学校"①是该校努力的方向。在澳大利亚,悉尼孔子课堂及其分课堂加盟的社区中文学校有大同中文学校、晨风中文学校、华夏中文学校和清华中文学校。

　　华文学校建立孔子课堂,使汉语国际推广资源与华文教育办学有效结合起来,既改善了华文学校的办学条件,有利于华裔青少年对祖(籍)国语言文化的传承,体现了祖(籍)国对华裔青少年的关心和爱护,同时办学条件的改善,也促进了办学质量的提高,这使得华文学校的社会影响日益扩大。而华文学校本就是扎根于所在国社会的办学机构,其通过孔子课堂这一平台全方位参与到汉语国际推广中来,可以充分发挥其既有基础,助推汉语国际推广的深入发展。正因为两者这种巧妙的结合,故"开办孔子课堂"成为许多华文学校的期盼之一②。

　　2. 汉办向华文学校派遣师资,提供教学资源

　　师资短缺一直是制约世界汉语教学发展的一大瓶颈。自汉语国际推

---

① 福星语言电脑学苑孔子课堂[EB/OL]. [2012-06-01]. http://www. cnconfucius. asia/institution/confuciusinstitute/2011-01-13/186. html.

② 黄文琪. 知恩图报 乐于奉献——访老挝寮都华侨公学董事长、校长林俊雄先生(二)[EB/OL]. [2011-10-10]. http://lzzx. liuzhou. gov. cn/dpgsl/zgdlzsw/201103/t20110316_446202. htm.

广战略实施以来,中国国家汉办每年都派出大量教师和志愿者支持各国的汉语教学,这其中就有许多人被派往华文学校,对缓解华文学校办学的师资压力起到了积极作用。例如:菲律宾三宝颜中华中学从 2005 年起引入第一批中国国家汉办派出的志愿者,至 2009 年,已接受了中国国家汉办七批志愿者。蒙古旅蒙华侨友谊学校 2006 年时有国家汉办特派的志愿者老师任教。苏里南帕拉马里博广义堂中文学校、日计利中文学校均有汉办的志愿者教师。在泰国,2009 年时,有 8 位中国国家汉办汉语教师志愿者在泰国罗勇府公立光华学校任教[①];在泰国勿洞中华学校,执教的中国教师志愿者原本是该学校自行招聘的,后经校方申请,这批教师被纳入国家汉办的汉语教师志愿者体系。2008 年 1 月,国家汉办领导走访慰问泰国 5 个地区的 300 多名汉语教师志愿者,其中不仅包括任教于孔子学院的志愿者,也包括在中文学校任教的志愿者[②]。再如 2011 年 4 月,中国国家汉办与缅甸华文学校——腊戍果文、东枝东华学校签订《关于派遣汉语教师的协议》,其内容包括支持缅方开展汉语教学及研究,更好地促进双方教育、文化的交流,汉办外派汉语教师针对当地学生教授基础汉语听、说、读、写和中国文化,组织有关中国文化的活动、HSK 考试等[③]。中国国家汉办向华文学校派遣师资,缓解了华文学校办学师资上的压力,也促进了华文学校师资的多元化发展,如在泰国智民学校,既有来自中国国家侨办、汉办的师资,还有来自邻国缅甸的老师。

除了师资支持,中国国家汉办还向华文学校提供教材等教学资源。例如:2008 年 3 月,中国驻澳大利亚大使馆教育公参向澳大利亚标准中

---

① 国家汉办向罗勇公立光华学校赠送图书[EB/OL]. [2012-02-10]. http://bbs. chinese. cn/thread-8026-1-1. html.

② 坚守在文化交流使者岗位上——记泰南边境的中国汉语教师志愿者[EB/OL]. [2009-10-10]. http://www. ce. cn/xwzx/gjss/gdxw/200802/08/t20080208_14485331. shtml.

③ 国家汉办与缅甸两所华文学校签订派遣汉语教师协议[EB/OL]. [2011-11-10]. http://www. hwjyw. com/info/content/2011/04/06/16636. shtml.

文学校赠送的近 500 册中文教材和部分中国文化宣传品,即由中国国家汉办提供①。2009 年 11 月,中国驻泰国大使代表中国国家汉办向罗勇府公立光华学校赠送了 1000 册优秀汉语教材②。2010 年 8 月,中国驻苏里南大使向苏里南最大的中文学校——广义堂中文学校转交了中国国家汉办资助的 400 套价值 3 万余元人民币的中文教材并提供了其他资助③。2011 年 1 月,为了支持菲律宾碧瑶爱国中学的汉语教学,孔子学院总部/国家汉办通过菲律宾华文教育中心向碧瑶爱国中学赠送了一套"一声通(SPEECH PLUS)"电脑辅助汉语教学和学习软件④。

3. 华文学校设立汉语水平考试中心,开展汉语推广

这是汉语国际推广与海外华文教育合作的又一具体方式。如泰国南邦公立育华学校就是泰国北部最早被授予汉语水平测试中心的华文学校,每年 8 月 27 日和 9 月 4 日分别组织泰北地区少儿汉语水平测试(YCT)和汉语水平考试(HSK)。为了扩大汉语水平测试的影响力,2011年,育华学校在只有帕府中兴学校这一分考点的基础上,有针对性地增设了彭世洛醒民学校和美速智民学校两个分考点,并对考生进行考前辅导,以更好地服务当地考生⑤。

(二)华文学校积极参与汉语国际推广

1. 华文学校配合孔子学院做好汉语推广工作

在汉语国际推广中,作为所在国教育一部分的华文学校,积极配合做好相关工作是促进汉语国际推广与华文教育合作的重要方面。而在这方面,华文学校则是全力以赴。如 2008 年 11 月,在中国国家汉办的关心和

---

① 驻澳大利亚大使馆向堪培拉澳大利亚标准中文学校赠送图书[EB/OL].[2012-06-09]. http://www. sino-education. org. au/chn/view. php? id＝227&tid=9.

② 管木大使向罗勇府公立光华学校赠送汉语教学图书[EB/OL]. [2012-04-10]. http://www. fmprc. gov. cn/ce/ceth/chn/xnyfgk/t627262. htm.

③ 中国大使到访苏里南广义堂中校 转交助学物资[EB/OL]. [2011-04-10]. http://www. dayoo. com/roll/201008/16/10000307_103281865. htm.

④ 菲律宾华文学校获赠"电脑辅助汉语教学和学习"软件[EB/OL]. [2012-04-10]. http://news. sina. com. cn/o/2011-01-24/165321867140. shtml.

⑤ 南邦公立育华学校精心组织 YCT 考试[EB/OL]. [2011-11-11]. http://www. hanbanthai. org/news/haiwaihantui/2011-09-07/1193. html.

指导下,由福建儿童发展职业学院海外幼儿教师培训中心与菲律宾描戈律大同中学共同开办的第一期汉语推广兴趣班,取得圆满成功①。2011年3月,菲律宾布拉卡国立大学孔子学院分别与菲律宾马尼拉华文学校——普济学院及中西学院成功举办"学好中国话,朋友遍天下"全球网络孔子学院推广活动,参加本次活动的两校师生都有百余人②。2011年11月,为推广宣传中国武术文化,菲律宾布拉卡国立大学孔子学院组织开展太极拳比赛暨中国武术文化推广活动,参加本次比赛及活动的除了两所孔院(布拉卡国立大学孔子学院、红溪礼示大学孔子学院)外,还有两所华文学校——普济学院与三宝颜中华中学,这两所华文学校还获得了优秀组织奖③。2010年2月至2011年3月,泰国勿洞市孔子学院组织首届大型系列中国图书巡展活动,活动在"七校四区一中心"设立展点,首展仪式即在拥有悠久华文教育历史的勿洞中华学校隆重举行,勿洞市市长、侨团领袖、校领导为此次活动剪彩,中华学校的幼儿园小朋友、小学生、初中生、高中生在老师们的带领下,兴致勃勃地观展,并积极参与到展区的宣传互动活动之中④。

　　2.与孔子学院联手合作,开展汉语推广活动

　　华文学校在全力配合汉语国际推广活动之外,还与孔子学院联手合作,积极推动当地汉语教学的开展。而这方面的事例就更多了。如2011年7月,由菲律宾布拉卡国立大学孔子学院主办、菲律宾华文教育中心协

---

　　①　我院海外幼儿教师培训中心在菲隆重举办首期"汉语推广兴趣班"结业典礼[EB/OL].[2012-05-10].http://old.fj61.net/Item/5609.aspx.

　　②　中西学院成功举办"学好中国话,朋友遍天下"全球网络孔子学院推广活动[EB/OL].[2012-05-10].http://www.hanban-hb.com/newshow.asp?cid=103&sid=110&pid=128.

　　③　布拉卡国立大学孔子学院成功举办中国太极拳比赛暨中国武术文化推广活动[EB/OL].[2012-02-02].http://www.hanban.edu.cn/article/2011-11/16/content_383070.htm.

　　④　重庆大学泰国勿洞市孔子学院成功举办大型系列中国图书巡展活动[EB/OL].[2012-02-02].http://news.cqu.edu.cn/news/article/article_31672.html.

办的"2011 年菲律宾汉语教学与推广研讨会"在菲律宾马洛洛斯市举行①;2011 年 11 月,布拉卡国立大学孔子学院和菲律宾华文教育中心在马尼拉再次联合举办中国历史文化学术报告会②。2011 年 9 月,新西兰坎特伯雷大学孔子学院联合基督城的路易·艾黎中文学校在路易·艾黎中文学校的礼堂为当地居民献上了一场主题为"同赏中秋月,共叙华夏情"的中秋晚会,当地候选国会议员也积极参与③。2011 年 9 月,由泰国勿洞慈善堂与勿洞市孔子学院联合主办、勿洞中华学校与勿洞市孔子学院联合承办的"2011 年祭孔大典"在勿洞隆重举行,勿洞社会各界共计 46 家单位的 600 余名代表前来敬奉参拜,盛况空前④。

　　另外,我们还要看到,在孔子学院和华文学校的办学实践中,既有许多华文学校积极配合、参与汉语国际推广的生动事例,也有许多孔子学院主动参与到华文教育活动中的事例。如 2011 年 5 月,由中国国务院侨办、中国海外交流协会、中国驻蒙古大使馆主办的第三届"海外华裔青少年中华文化知识竞赛"暨蒙古国第一届"海外华裔青少年中华文化知识竞赛"即由"全球先进孔子学院"——蒙古国立大学孔子学院和"华文教育示范学校"——旅蒙华侨友谊学校联合承办,在旅蒙华侨友谊学校举行,来自蒙古 9 所中学的近 200 名中学生参赛⑤。这充分说明汉语国际推广与海外华文教育虽各有侧重,但已越来越融为一体,只要双方精诚合作、相互支持,带来的一定是共同受益、共同发展的双赢局面。

---

①　2011 年菲律宾汉语教学与推广研讨会圆满举行[EB/OL].[2012-02-03].http://www.hanban.edu.cn/article/2011-07/29/content_286662.htm.

②　菲律宾布拉卡大学孔子学院和华文教育中心联合举办中国历史文化学术报告会[EB/OL].[2012-02-02].http://www.hanban.edu.cn/article/2011-11/09/content_377400.htm.

③　路易·艾黎孔子学院联合举办中秋联欢晚会[EB/OL].[2012-02-05].http://www.nzchinese.com/jiducheng/108052.html.

④　儒家文化传泰南　海外宾朋祭孔圣——泰国勿洞侨团与重庆大学勿洞孔子学院联合举办 2011 年祭孔大典[EB/OL].[2012-02-02].http://ciee.cqu.edu.cn/a/kongzixueyuan/wudongshikongzixueyuan/20111008/669.html.

⑤　海外华裔青少年中华文化知识竞赛在蒙古国举行[N/OL].[2012-05-02].http://www.chinesetoday.com/zh/article/493120.

第五章　国家软实力视野下的华文教育建设

回首三百多年来海外华文教育所走过的跌宕起伏的发展道路,总体而言,随着办学条件和办学环境的不断改善,华文教育在办学规模、办学理念以及教育体系和教育理论等方面也都取得了很大的成绩,并积累了丰富的经验。21世纪以来,伴随着中国国际地位的提高和经济实力的壮大,全球"汉语热"和"中华文化热"持续升温,在此背景下,海外华文教育又迎来了新的发展机遇。作为海外华人社会的三大支柱之一,华文教育如何在做好自身文化传承的同时,进一步扩展文化传播功能,将服务华人社会与服务祖(籍)国软实力战略统一起来,从而谋求更好更大的发展,已成为新的时代课题。

第一节　加强自身建设,增强吸引力

一、爱国传统与办学方向

爱国主义始终是中华民族团结一心、自强不息的精神源泉。海外华文学校向来有着爱国的光荣传统,如当新中国宣布成立时,毛里求斯第一面五星红旗就是在当时有"印度洋和非洲地区最高华文学府"之誉的新华中学广场升起的。华侨社会转型为华人社会后,华文学校成为所在国教育体系的一部分,但华侨华人仍是中华儿女,心系祖(籍)国,弘扬中华民族优良传统仍是华文学校办学的最大价值体现,也仍是考察其人才培养质量的重要方面。事实证明,在新时期的办学实践中,许多华文学校在这方面堪称典范。它们不仅坚定维护祖(籍)国统一,而且尽己所能,用爱心和行动关心、支持着祖（籍）国的发展。

如2004年,在台湾当局推进"渐进式台独"时,菲律宾中正学院校友总会发表严正声明,对这一倒行逆施予以强烈谴责:坚决反对任何政治野心家及少数"台独"极端分子挟洋自重、为一己私利,鼓吹"台独"谬论;台湾、大陆都属于中国,台湾和大陆的荣景取决于两岸的统一,坚决反对任何分裂活动;坚决反对任何以教育为手段之"去中国化",贻误子孙后代的企图。这一严正声明,代表了广大中正人的心声,在菲华人社会引起了强烈的反响,受到大家的普遍支持和高度赞誉。① 再如:2008年5月12日,四川汶川大地震发生后,柬埔寨最大华文学校端华学校全体师生发动"手拉手,献爱心"募捐活动,积极为灾区捐款②;正在北京修学旅行的日本神户中华同文学校的同学,捐出自己的零用钱帮助灾区同胞③;正在华侨大学访问的菲律宾侨中学院篮球队通过华侨大学向地震灾区捐款,表达对灾区人民深切的慰问与祝福④;泰国罗勇府公立光华学校也积极向灾区捐款⑤。2010年4月,在青海玉树地震灾情发生后,缅甸福星语言与电脑学苑孔子课堂全体教师为地震灾区捐款;韩国首尔华侨小学董事会及学校师生代表通过中国驻韩国使馆向地震灾区捐款。2010年9月,甘肃舟曲泥石流灾害发生后,福星语言与电脑学苑孔子课堂理事长吕振腆先生、董事长苏一新先生及全体师生捐款救灾。此外,在日常的办学中许多示范华文学校还积极参与、支持中国大使馆及中国对外开展的文化交流工作。如在庆祝新中国成立60周年之际,旅蒙华侨友谊学校的学生积极参加中国使馆组织的演出活动,表达了华裔青少年对未来的憧憬和对祖国

---

① 吴红波大使在中正学院的讲话(全文)(2005年3月1日)[EB/OL].[2010-02-03].http://www.fmprc.gov.cn/chn/pds/wjdt/zwbd/t185327.htm.

② 柬埔寨最大华校端华学校师生踊跃为灾区捐款[EB/OL].[2009-02-03].http://big5.hwjyw.com/hjzx/yxdt/200805/t20080523_17246.shtml.

③ 日本神户中华同文学校修学旅行团在京向灾区捐款[EB/OL].[2009-02-03].http://news.sina.com.cn/c/2008-05-25/094813922708s.shtml.

④ 菲律宾侨中学院篮球队向四川灾区捐款一万元[EB/OL].[2009-02-13].http://www.hwjyw.com/info/school_news/200805/t20080520_16998.shtml.

⑤ 泰国华侨华人纷纷向中国地震灾区捐款[EB/OL].[2009-02-13].http://news.sohu.com/20080515/n256867929.shtml.

的深厚感情,赢得阵阵喝彩;中国驻菲律宾使馆举行纪念中国人民抗日战争胜利66周年暨"九一八"事变80周年电影招待会,菲律宾中正学院积极提供场地①。再如2007年8月,新西兰基督城举办首届景德镇陶瓷艺术展,路易·艾黎中文学校积极配合,提供场地,承办"中国瓷器历史与文化"知识讲座,向当地公众推广中国瓷器文化;2011年4月,缅甸仰光东方语言与商业中心,呼应西安举办世界园艺博览会,开展主题为"纪念世界地球日,呼应西安世园会,践行环保绿十条"的环保教育活动,等等。以上这些充分表现出了示范华文学校应有的风范,其正确的办学方向,令人感佩,并值得其他华文学校学习。

二、师资、管理与办学

(一)培养一支高素质的师资和行政管理队伍是海外华文教育发展的关键

教学和行政管理是教育体制中的两项重要机制。随着华文教育事业的发展,教育的职业化要求日趋增强,在华文教育人才建设方面,除了应继续大力弘扬既往所形成的敬业爱岗、无私奉献的华文教育精神外,还应注重师资和行政管理队伍业务素质的提高。教师业务素质的好坏直接关系到教育质量的高低,进而影响整个办学的成败,而行政人员的管理水平也影响着教学效益的发挥。鉴于目前海外华文教育师资队伍中普遍存在的学历层次偏低、专业水平不高、教育教学理论有限的问题,有必要继续加大对师资培训的投入,华文教育教师不仅应有扎实过硬的语言技能,而且还应通晓中华文化知识,具备坚实宽广的综合业务素质。

科学合理的管理体制是搞好教育教学工作的重要一环。海外华文教育基于办学传统,大体上已经形成了一套由主办社团负总责—董事会集体协商—校长具体负责的领导管理体制。这一体制虽在经费筹措、日常运营等方面发挥了重要作用,但管理体制内部的各方面关系尚待理顺,管

① 中国驻菲律宾使馆举行纪念中国人民抗日战争胜利66周年暨"九一八"事变80周年电影招待会[EB/OL].[2012-01-05].http://world.people.com.cn/h/2011/1001/c226638-2971344147.html.

理人员的专业化水平有待提高。科学的管理不仅体现在教学的合理组织上,也体现在各种资源的有效配置上,渗透于办学的整个过程和各个方面。办学质量高的示范华文学校无不是通过管理出效益、树品牌。如泰国南邦公立育华学校、美速智民学校和帕府中兴学校之所以能在泰国北部华文民校中脱颖而出,其重要原因之一就是已"基本建立起较为科学的华文教学管理体制",而其他"大部分华文学校在华文教学的管理上还处在比较随意的状态……华文教学没有计划,没有目标,老师不写教案,也不进行教研活动",故出现"管理较好的几所学校,学生汉语测评成绩远远高于其他学校"也就势在必然①。近年来对华文学校的科学管理已越来越引起华文教育界的重视,中国国务院侨办也在积极组织开展相关培训,如 2011 年 4 月泰国华文学校负责人培训班在上海开班,来自泰国各地区的 32 名华文学校负责人在沪接受了为期 18 天的培训,通过理论和实践结合的培训方式提高教学管理水平②。

(二)教学的规范化、科学化是实现海外华文教育现代化发展的必由之路

第一,编写贴近教学对象实际的本土化教材。教材是教学的基本依据,也是教学走向规范化、科学化的基本途径和前提。教材编写应有科学理念,既应体现教学理论的基本要求,也应尽量照顾当地社会的实际情况,努力做到本土化。目前海外华文教育的教材种类繁多,水平也参差不齐,直接影响到教学质量的提高和各地区之间的交流。有鉴于此,今后的教材编写应在本土化的前提下注意把握好以下几项原则:一要照顾到海外学生的华文基础。海外华文教育的主体对象是海外华裔学生,目前以在海外出生长大的第三、四代为主,其华文基础十分有限,故通俗易懂、深入浅出应是教材编写的一个重要出发点。二要突出第二语言教学特色。

①　整合华文学校资源,促进华文教育发展——泰国北部华文民校联谊会工作报告[EB/OL].[2012-02-03].http://guangming.30edu.com/news/a3cfc6f3-3ee2-440f-a607-a2feae56c4cc/12d35a03-3f57-4045-97c3-f7b95f96e921.htm.

②　泰国华文学校负责人培训班在上海开班[EB/OL].[2011-12-03].http://gb.cri.cn/27824/2011/04/15/5187s3219609.htm.

经过较长时间的讨论,华语教学的第二语言教学特性已逐渐成为华文教育工作者的共识,如何将华裔背景和第二语言教学结合起来是体现华文教材特色的重要方面。三要尽量配套,满足不同阶段、不同层次的知识需求。目前正规的华文学校办学以小学和中学为主,教材编写除了应在这一体系内相互衔接配套外,还要考虑到中学之后华裔学生的知识需求,通过配套教材的编写,使华文教育能够真正成为伴随华裔子弟成长的终身学习的一部分。

第二,统一考试制度,严格考核制度。统一的考试制度的建立是规范化、科学化教学的基本保障。华文教育要打破过去分散、封闭的状态,走向规范化的联合发展,建立统一的考试制度势在必行。本土化教材的差异只是地域特色的一种反映,并不妨碍教学标准的内在一致性,这是建立统一的考试制度的基础。我们应在这一基础上,制订出不同层次、不同类别的考查方案(包括华裔学生华语水平测试标准、华文教师能力测试标准等),并在实践中不断加以修改完善。只有考试制度统一了,在其导向的作用下,教学才容易走上规范化、科学化的道路,对此应作为完善教学体系的一个重要内容来认真对待。

近年来伴随着海外华文教育的发展,相关的教学理论研究及教材编写不断取得新进展,为统一、规范海外华文教育的教学活动,在中国国侨办的组织下,相关的考核、检测标准也已陆续出台。而大多数示范华文学校在教学实践中均能以最新的教学科研成果和教学方法来组织教学,在教学环节的各方面具有先进性,起到了示范引领作用。如在语言文字方面,简体字、汉语拼音和普通话不仅已为联合国所倡导,而且是世界各国高校汉语教学的普遍选择,以此作为教学规范,自然就能顺大势之趋,领风气之先,这就是为什么在比利时布鲁塞尔由台湾当局津贴开办的"比利时中山学校"一直存在,而于1998年创办的布鲁塞尔中文学校也能大受欢迎的原因所在。

(三)采用现代教学手段,改进教学和办学方式,促进海外华文教育模式的时代性变革

教学手段的现代化是促进教学现代化的有力工具,也是华文教育未来的发展方向。海外华文教育办学历史悠久,但其教学手段、教学方式应

与现代教育技术接轨,而不应一直走过去单一教学模式的老路。随着信息时代的到来、网络知识的普及,多媒体在教学领域的运用已越来越广。借助声音、图像和文字的综合运用,华语华文在海外的传播将会越来越广,越来越快。从某种意义上说,这是信息技术在教学手段和教学方式上带给华文教育的一场具有革命意义的变革。海外华文学校分布于世界各国,更能深切感触到现代化信息技术对于教育教学的重要性以及在与祖(籍)国沟通联系时其带来的诸多便利之处。目前以中国华文教育网为龙头的各类华文教育网已开通,各地、各校的华文远程教育办学已日趋成熟。从这个意义上讲,采用现代化的教学手段,必将进一步提高海外华文教育的办学效益,对整个海外华文教育事业的发展将是一个巨大的推动。因此,海外华文教育工作者应以积极的态度,自觉学习并善于利用现代信息技术手段,让它更好地为华文教育服务。

开放式办学,市场化运作。2012 年 2 月 1 日,时任中国国侨办副主任马儒沛在参观比利时布鲁塞尔中文学校时曾指出,海外华文学校也应当走改革开放之路,通过市场化将学校做大、做实、做好①。这是改变目前华文学校被动办学处境的一个重要方面。前文中曾指出,伴随着世界"汉语热"的出现,世界各地汉语学习需求不断增长,分布广泛、扎根当地的海外华文学校,成为当地民众学习汉语的重要选择,华文学校生源结构日益多元化成为 21 世纪以来华文学校办学的一大新变化。但是,虽作为所在国教育体系的一部分,长期以来华文学校办学却得不到所在国政府的真正认可,办学经费仍主要靠华族自身资助,教师大多是志愿或半志愿性的,办学也多是非营利性的。如果着眼长远,这实在不是可持续发展的应有模式。所以在办学方式上走改革开放之路,开放式办学、市场化运作就成为必然。一方面,华文学校应抓住目前的有利形势,敞开校门,广纳各族生源,在做好教育服务的同时,进一步扩大自己的吸引力和影响力,不失时机地推进华文教育的发展;另一方面,也应针对目前的生源变化和办学情况,充分利用市场这一手段,与时俱进,搞好经营和运作,于教育服

---

① 中国国侨办代表团走访布鲁塞尔中文学校[EB/OL].[2012-09-03].http://news.163.com/12/0202/09/7P8GUUVO00014JB5.html.

务中得到应有的回馈和补偿。如巴西华文教育,义务补习的中文学校办学效果往往有限,"而由侨胞个人出资兴办、经营的幼稚园兼中文学校,面向市场,按需施教,生源不断,'生意兴隆'",所以"今后,巴西的华文教育要健康、良性发展,还需巴西侨社自身按现代理念开展华文教育,要面向社会,适应形势,设计科学合理的教学方案,按照市场规则运作,搞好经营,加强管理,将华文教育作为一项事业长期发展下去"①。巴西华文教育的这一实践经验值得海外华文学校的重视,作为示范华文学校更应该率先探索、率先垂范,力争以新的成功的运作方式早日走出封闭自助的困境。

三、团结与地区协调

应当承认,海外华文教育办学中历来存在力量分散、各自为政的情况,在华文教育的总体布局上也确实有着条块分割明显的弊端,由此造成了一系列困扰华文教育发展的问题,无形中削弱了办学的整体实力。例如在越南的华人社会中,由于客观存在着讲粤语、客家话、潮州话、海南话、闽南话的五大群体,他们各自都办有自己的华文学校。从发展的角度看,办学的社团化、地域化是华文教育走向社会化、一体化的过渡阶段,而要实现这一过渡性的转变,早日走上联合化的大发展道路,就必须认识到团结的重要。团结就是力量,要争取华文教育合法权益斗争的胜利,要壮大华文教育队伍,要解决华文教育自身存在的许多问题,离开了团结往往是做不到的。"构建和睦相融、合作共赢、团结友爱、充满活力的华侨华人社会"是全世界华侨华人的共同心愿和期盼,不仅华文教育界要团结,整个华人社会也要团结;不仅一国的华人要团结,整个世界的华人也要团结。只有团结起来,海外华文教育才能形成合力,才能增强凝聚力,才能战胜来自各个方面的种种困难和阻力,其所肩负的传播弘扬中华文化的伟大使命才能在世界范围内实现。

一是同一国家/地区华文学校之间的团结。2012 年 1 月 15 日,柬埔

① 巴西华文教育概况[EB/OL]. [2011-12-03]. http://www.jsqw.com/html/dv_453110674.aspx.

寨福建会馆公立民生学校在学校网站(http://fujianms.org)上发表了这样一则声明：

声 明 书

致华人父老兄弟姐妹们、海内外各界人士、民生校友们：

本校就关于民生学校退出全柬华文学校作文大赛事宜在此声明：

1.民生学校在各中文报登报宣布退出每年一届的全柬华文学校作文大赛,是为了解决多年矛盾万不得已而做出的决定。我校登报宣布,高调退出:一来可向所有关心、支持民生学校的社会名流、世界各地的民生校友们说明真相;二来可以向学生家长、全柬华人社会有所交代;三来戳穿别有用心的人的阴谋诡计。十年了,每年一届的全柬华文学校作文大赛,都是在各校参赛人数、学历不对等的情势下(不顾反对)举办的,他们利用职权,凭借优势,每届都获得"辉煌战绩",甚至不顾团结大局,不知羞耻地在各中文报章上公布得奖者的校名,以此来抬高声望,打压别人。我校既然宣布"退出全柬华文学校作文大赛",就再也不组织学生参加每年一届的作文大赛,但我校不阻止学生参赛,让他们以个人名义参赛,造成既定事实,迫使大赛筹委会无法冠上校名。

2.在二〇一二年元月三日全柬华文学校作文大赛结果揭晓的会场上,校长发现了弄虚作假的丑事。为了名和利,一些学校昧着良心、违反规定派超龄的学生和许多专修生参加少年组比赛。依据大赛筹委会规定:少年组年龄为12~15岁;青年组16~22岁。设想,专修生是读了十多年书(小学6年、初中3年、专修2年,合计11年),他们该是17~20岁了,怎能有资格去参加少年组比赛呢? 当时,校长在会上向文教处提出:(1)大赛所有得奖者必须出示出生证明,证明身份年龄,以示公正公平。(2)作文大赛旨在"提高华文学校学生写作水平,重在参与",由于各校在参赛人数、学历等方面都是不对等的,因此,为了华文学校的团结和友谊,不应在报章上刊载得奖者校名,以免影响学校声誉;倘若筹委会依旧如同以往执意公布得奖者所在学校,这就关系到学校声誉,那必须举办对等的,真正公平、公正、公开的比赛。结果,筹委会文教处处长并未认真严肃处理这些弄虚作假的丑事,他说:"你认为

不公平,可以不参加,可以退出啊。"接着的第二天,二〇一二年元月四日,筹委会依旧在各报刊刊登那些用不正当手段赢得胜利的"得奖者"名单以及"得奖者"所在学校校名。

3.柬华总会是全体华人的总会,并不附属某某学校,对华文学校要一视同仁,作文大赛场地应同世界奥运会似公平地轮流在各大会馆学校举办,而不是每一届都在某某学校举办;再者大赛筹委会按各所学校学生人数比例分配各校参赛名额,造成某些学校参赛人数很多,超出其他学校的几倍甚至数十倍,其司马昭之心,路人皆知。

4.十年来,关于全柬华文学校作文大赛事宜,我校一而再、再而三地向作文大赛筹委会提了许多合理的建议,但却遭筹委会无理拒绝。为顾全大局,我们坚持年年参赛,忍了再忍,转眼已十年了,在十年的每一届的全柬现场作文大赛中我校学生都是与几所大学校的专修生抗衡,在如此不对等的赛事中,他们以弱击强,以一敌十,顽强地拼搏,十年来共夺得三十二个奖项,不至于像其他兄弟学校,年年"被剃光头",战况这般惨烈,我们虽败犹荣。这等奇闻怪事,都是在这冠冕堂皇"重在参与"的大旗下年复一年不断地上演,真是不可思议。

全柬华文学校作文大赛是件大好事,但需要我们好好地处理和把握,否则,它就是一把双刃剑。作文大赛早已变了质,成了制造矛盾,破坏华文学校之间、华人社会之间的团结,影响华文学校改革、发展的消极因素;成了某些人利用职权,凭借优势,抬高自己,打压别人,意图消灭、瓦解其他华文学校,独霸天下,牟取族群私利的工具。民生学校之所以能够成功地进行如此大规模的现代化教改,能够取得今天的成绩,是在中国政府、全体华人以及世界各地民生校友无私的支持和关怀下,是经过我们七年的努力,排除各种障碍而得来的,我们必须维护学校名誉,维护这来之不易的改革成果。我们退出全柬华文学校作文大赛的决定是迫不得已的,请大家谅解。

特此声明

公立民生学校
2012 年 1 月 15 日

此事因华文学校作文大赛的报名资格、结果公布及举办方式等而引发,其是非曲直暂且不去评论,声明首先透露出的是目前华文学校之间的不团结的确存在。这不能不说是影响华文教育发展的内部消极因素。不管怎样,作为华文学校大家都是为了传承弘扬中华文化这一共同目的,应当明了制约华文教育事业发展的真正困难所在,同心同德,合力攻坚,而不应该以狭隘的一校一时之利你争我夺,削弱整体的荣誉和力量。同胞兄弟,手足情深,没有什么是不可以妥善处理的,即使由此份反映不团结问题的声明也可看出,其实每一所华文学校其内心都是珍爱"学校声誉"、珍爱"团结和友谊"的,知道"破坏华文学校之间、华人社会之间的团结"就会"影响华文学校改革、发展",懂得"顾全大局"的道理。所以只要有这样的认识作为基础,我们相信任何内部矛盾都可以化解,而团结一致向前看才是应有的态度和方向。

二是不同背景的华文学校之间的团结。前文中曾经指出,受祖(籍)国尚未完全统一的影响,海外也有着不同背景的华文学校,它们之间也存在着隔阂和不来往现象。如日本横滨山手地区的两所中华学校,虽然原本是一家,"都教授中文,用普通话授课,传承舞龙舞狮等中华传统文化,每逢母亲节的时候全体师生都会吟诵《游子吟》",但"两所学校几乎互不往来","目前,两校使用的教材完全不同。'山下的'学校的教材是台湾当局制定的,'山上的'学校用的是中国国务院侨办编写的教材。在老师配置方面,'山上的'学校老师均来自大陆,'山下的'则来自台湾",就连两所学校都有的舞龙舞狮,在 2008 年以前每年的中华街举行庆典时,"两个学校的学生表演肯定被错开,不会安排在同一天"。[①] 这也是没有必要的。海外华文学校传承的是民族语言文化,虽然祖(籍)国尚未完全统一,但不能在传承共同的民族语言文化上出现分化和割裂。"青山遮不住,毕竟东流去",祖国的完全统一只不过是时间早晚的问题,从这一意义上讲,华文学校不仅应自觉抵制破坏统一的用心和企图,而且应从民族大义出发做维护统一的坚定支持者和有力促进者。正如日本横滨华侨总会会长曾德

---

① 郭一娜.日本横滨地区两所"中华学校"走过的百年历程[EB/OL].[2011-09-03].http://www.jyb.cn/xwzx/gjjy/hzjl/t20080624_173236.htm.

深所言:"横滨中华学校自1952年分裂以来,并立已有半个世纪。这是因为祖国尚未统一的缘故。祖国不统一,我们的学校也不能统一吗? 我觉得不见得如此。我们有条件也可能走在祖国统一之前。因为华侨之间不存在地理上的台湾海峡,日常交往阻碍少,比较容易增进相互间的理解。以存小异求大同的精神坚持下去,学校统一的目标一定会实现。"①我们高兴地看到,21世纪以来海外华文教育工作者的这一信念正在逐步变成现实,仍以日本的这两所华文学校为例:2001年横滨"山上的"和"山下的""两所学校合作重建了中华街的关帝庙,这也是两校交流的一个良好开端。此后,'山上的'学校还曾把教材送给过'山下的'学校"②;而2008年5月3日横滨中华街举行欢庆仪式时,两所学校的舞狮舞龙部也终于首次同台亮相共同表演。之所以如此,正是"因为大家都意识到了团结的重要性……我们相信,这种交流、团结和融合还会继续"③。

三是不同国家/地区华文学校之间的交流合作。2004年7月15日,日本东京中华学校"应届毕业生韩国修学(毕业)旅行团"一行10人,在中国国民党驻韩国直属支部人员的向导下,前往韩国华侨中学参访观摩,此访虽重在让学生们体认台湾"教育部"及"侨务委员会"大力支持海外侨校的事迹,但也为韩、日两所华侨学校的交流揭开了序幕④。2010年10月18日,苏里南广义堂中文学校与荷兰鹿特丹中文学校也签署合作协议⑤。2011年11月21日,由6名教师和36名小学毕业生组成的新加坡培华长老会小学毕业旅行团拜访金边市崇正学校,双方小学生热情交流,

---

① 郭一娜.日本横滨地区两所"中华学校"走过的百年历程[EB/OL].[2011-09-03].http://www.jyb.cn/xwzx/gjjy/hzjl/t20080624_173236.htm.

② 郭一娜.日本横滨地区两所"中华学校"走过的百年历程[EB/OL].[2011-09-03].http://www.jyb.cn/xwzx/gjjy/hzjl/t20080624_173236.htm.

③ 郭一娜.日本横滨地区两所"中华学校"走过的百年历程[EB/OL].[2011-09-03].http://www.jyb.cn/xwzx/gjjy/hzjl/t20080624_173236.htm.

④ 东京中华学校毕业生参访汉城华侨中学[EB/OL].[2009-09-03].http://hqhr.jnu.edu.cn/news/content.asp? newsid=5782.

⑤ 苏里南广义堂中校与荷兰鹿特丹中校互结友好[EB/OL].[2011-09-03].http://news.ifeng.com/gundong/detail_2010_10/20/2843963_0.shtml.

分享学习经验①。不同国家/地区华文学校之间的交流合作是教育国际化的客观趋势,也是世界华文教育大团结的重要表现,它既扩大了华文学校的办学视野,增进了世界华裔青少年之间的了解和友谊,对于整个华文教育凝聚力和影响力的提升也有着重要的促进作用。故此这也应当成为今后华文学校办学的努力方向。

四是加强国家/地区华文教育机构的统筹协调。要实现上述团结与交流,尽快建立华文教育的统筹协调机构并定期开展丰富多彩的活动必不可少。统筹协调机构是华文学校团结的核心,活动是增进团结的渠道,只有以此为依托,不同社团、不同背景,甚至不同类型的华文学校才能更加紧密地走到一起,壮大华文教育的力量。如 2012 年 6 月,由澳大利亚华文教育机构——中文学校联合会与中国驻悉尼总领事馆联袂举办的"2012 年华文教育论坛",就团结了各种不同类型的中文学校:既有教授简体字的学校,也有教授繁体字的学校;既有教授普通话的学校,也有教授粤语方言的学校,具有十分广泛的代表性②。通观海外华文学校办学,华文教育开展得比较好的国家/地区往往也是统筹协调机构比较健全,相关活动开展得比较活跃的国家/地区。在澳大利亚,由于中文学校联合会经常组织华裔青少年赴华寻根及参加中华文化冬令营③、主办"中华文化知识竞赛"④、举办"华文教育论坛"等活动,故该国的中文教育活跃且富有成效。再如泰国,由于"多个地区成立了华文教育协会,整合资源、互通有无",故"实现了共同发展"⑤。又如菲律宾,诸如菲律宾华文学校联合

① 新加坡培华长老会小学毕业旅行团访金边崇正学校[N/OL]. [2011-12-08]. http://www.chinadaily.com.cn/hqpl/zggc/2011-11-23/content_4459026.html.

② 坚守耕耘华文教育 悉尼区 39 名优秀华文教师获表彰[EB/OL]. [2012-09-03]. http://world.people.com.cn/GB/157278/18082035.html.

③ 澳洲中文学校联合会组织冬令营师生畅谈寻根感言[EB/OL]. [2011-12-04]. http://news.cntv.cn/20110211/108998.shtml.

④ 近千名澳洲学子角逐"第三届中华文化知识竞赛"[EB/OL]. [2012-10-08]. http://news.ifeng.com/gundong/detail_2012_03/16/13243586_0.shtml.

⑤ 国侨办今年将派 400 名华文教师海外执教[EB/OL]. [2012-02-03]. http://news.sina.com.cn/o/2011-05-10/185822439546.shtml.

会与陈延奎基金会共同主办"华文教育论坛",吕宋华文教育协会召开年会探讨华语课堂教学,米沙鄢华文教育协会举行年会进行教学观摩,棉兰老华文教育召开年会并组织华语教师讲习班及菲华十大杰出学生评选,宿务无名氏(引叔)获得优秀华文学校校长奖,等等,不仅反映出其地区学会健全配套,活动开展多姿多彩,而且通过这些机构、机制建设在增进团结的同时也有力地推动了其师资建设和教育教学水平的提高,其经验和做法足资借鉴和推广。

第二节 谋求所在国承认,扩大影响力

一、经济基础与文教政策

(一)华侨华人经济和所在国国民经济的发展是海外华文教育发展的基础

由海外华文教育的发展历程可以看出,无论是过去还是现在,华文教育办学依靠的主要是华侨华人的经济支持,可以毫不夸张地说没有华侨华人的经济支持,就不可能有海外华文教育今天的成绩与规模。但我们也应当看到,华文教育的发展也离不开所在国经济的发展与支持。一般来讲,那些经济相对发达的国家,往往也是华文教育开展得比较好的国家;那些经济发展相对好的时期,往往也是华文教育开展得比较好的时期。在这方面,菲律宾的华文教育曾随着经济的起伏波动而几起几落,就是很好的证明。华侨华人经济是所在国经济的一部分,离开了所在国经济的发展,华侨华人经济的发展也会受到很大的限制。再者,作为所在国教育的一部分,华文教育办学仅靠华族自身的经济支持是不够的,还必须从服务、推动所在国社会经济发展的贡献中,谋求所在国政府的承认,以获得应有的经济支持。这既是权利与义务的客观使然,也是从根本上解决经济保障问题的根本出路所在。认识及此,我们就应进一步深化对海外华文教育办学目的的认识,在做好族内文化传承的同时,进一步密切华文教育与当地社会的联系,不断拓宽办学服务面,推动海外华文教育早日

走上融入所在国社会的良性发展轨道。

（二）所在国政府的文教政策是影响海外华文教育发展的重要因素

世界的多极化发展趋势，既反映了时代的要求，也决定了多元文化政策的客观必然性。人类文明的演进正是在多元文化的相互沟通交流下实现的。由海外华文教育以往的发展不难看出，在办学环境的改善方面，所在国政府的态度是至关重要的因素，而这种态度又具体体现在其所采取的文教政策及其实施力度上。所谓实施力度，包括认识和行动两个层面。近半个世纪以来，大多数华文教育所在国已经认识到了时代发展要求，采取了明智的做法，推行多元文化政策；但也有一些国家仍然坚持与时代发展方向相违背的原则，以单元文化政策和大民族主义限制华文教育的发展，或者表面上认同，实际上抑制。对于已经或正准备推行多元文化政策的国家来说，我们也要看到，要真正推动华文教育发展，仅仅完成观念层面的认识转变是不够的，还必须将观念认识化作具体实在的措施，切实为华文教育办学创造宽松自由的环境和提供有力的经济支持，即必须完成政府行为层面上的转变，这样才能称得上是真正具有实际意义的转变。就总体而言，目前华文教育开展国家的文化多元性和民族平等并不彻底，由此也就造成了华文学校在所在国的地位并不稳固，常常受到各种歧视和打压，华文教育仍面临许多困难和瓶颈。

二、相关问题与解决途径

（一）华文学校办学面临的问题

1. 华文学校办学资金得不到保障

我们知道，据有关统计目前世界各地有几万所中文学校，其中学制比较完备、校舍比较固定的中文学校大约有 6000 所。这说明学制不够完备、校舍不够固定的华文学校仍是现在华文学校办学的主体。而许多华文学校之所以不能以完备的学制、固定的校舍来办学，其实与所在国政府不能给以正当的支持有很大的关系。如澳大利亚标准中文学校，虽注册获批为澳大利亚教育部主管部门课程资格认证的社区中文学校，也是澳大利亚首都地区最大的社区语言学校，但由于缺乏资金，只能租用当地中学的教室来上课,以周末中文学校办学。在办学资金上,该校以现在学生每学期缴纳 70 澳元的低标准学费,加上澳大利亚政府较低的租金补贴作为收入,扣除教师的薪酬和昂贵的房租、保险杂费和管理开支之后,学校财务实际上是赤字。如何"尽快获得政府合理的拨款"是困扰办学的大问题。① 学制不够完备、校舍不够固定的华文学校如此,学制比较完备、校舍比较固定的华文学校也面临同样的问题。如毛里求斯新华学校,虽有固定校舍,但是现在学校的校长和老师都是半志愿者性质,每周只有周六半天上课,学校早日成为全日制学校,是他们最迫切的期盼②。再如泰国华侨民校,大多是华侨华人的慈善机构开设的,政府仅给予半援助,办学资金主要还是靠华侨华人慈善捐助支持。虽然泰国有几百家的华文学校,但办得好的华文学校不多,其重要原因之一是经费困难,国家统一规定了学生学费,但华文学校要多支出中文教师的费用③。可见,办学资金上不能得到政府合理合法的实际支持,反映出华文学校虽获准开办,但仍受到不公平的待遇,其地位的不稳固性与所在国的文教政策有着密切的关系。

2.华文学校的学生出路是一大难题

除了资金问题,所在国政府还有诸多限制,影响到华文学校学生的出路。这在学制完备、校舍固定的全日制华文学校中体现得最为典型。如苏里南广义堂中文学校,虽是开设 6 个年级的全日制学校,但更望能与政府磋商,让中文学校能与当今教育制度连接起来,让当地学生在读"番书"之余,亦可同时学习中文④。再如泰国华文民校,虽然民校内是泰、英、中文教学,但学习中文的课时很少,几乎每个民校每周只有 5～10 小时,一

---

① 中国心——记李复新博士创办澳大利亚标准中文学校[EB/OL].[2008-12-04].http://www.wzqw.com/system/2004/12/08/001006174.shtml.

② 毛里求斯"新华学校"百年兴衰见证时代变迁[EB/OL].[2012-07-04].http://chinese.usqiaobao.com/2011/12/12/content_1169284.htm.

③ 泰国美速智民学校[EB/OL].[2011-11-14].http://tieba.baidu.com/f?kz=358310906.

④ 中文学校隆重举行二十五周年校庆文艺晚会[N/OL].[2012-02-04].http://www.chungfadaily.com/a/bendixinwen/2011/1205/1149.html.

周约 5 节课,因为如果学生不多学泰文,其他课目就无法学好,就考不上大学①。又如日本横滨山手中华学校,由于日本政府不承认学校的办学资格和文凭,这样华文学校就不能像其他日本和欧美系学校一样享受到政府政策的优惠,华侨华人子女在升入高中时纷纷转学到日本高中去读书,以求最终能得到一个毕业文凭,为下一步考进大学打好基础②。同样的情况也出现在韩国,由于华侨学校一直被韩国教育当局归类为"外国人团体",不承认华文学校学历、也不准许华文学校接纳韩籍学生,迫使就读华侨学校的学生于转学、升学至韩国学校时,必须通过学历鉴定考试,困难重重③。上述做法和限制,也反映出华文学校办学在当地受到的歧视,而这一状况也只有寄希望于所在国政策的改变才能谋求根本性改善。

不过,时代总在进步,华侨华人争取民族权益的努力也一直没有放弃,21 世纪以来华文学校办学的政策环境开始出现了一些新动向:据报道,在韩国华裔学者的呼吁争取下,2006 年 9 月 13 日,直属韩国总统的咨议机构"国家人权委员会"指出,不承认华侨学校的学历是侵犯了华侨们以自己的言语接受教育的权利和追求幸福的基本人权,是因出身国家差别的歧视行为,因此应该承认华侨学校的学历。尽管韩国教育人力资源部(即教育部)仍持反对立场,但人权委员会强调,基于尊重少数民族的人权等,必须承认华侨学校的学历,并已正式建议副总理兼教育人力资源部长,尽早研拟有关当韩国华侨学校的学生转、升入韩国学校时,免除鉴定考试、承认学历的改善方案。④ 另据报道,2010 年 2 月 2 日,日本文部科学省也放宽了大学入学资格的有关政策,原本只有从日本高中毕业或通过大学入学资格检定考试(简称大检)合格者才有资格进入大学的先决

---

① 泰国美速智民学校[EB/OL].[2011-11-14].http://tieba.baidu.com/f? kz=358310906.

② 王燕.华文学校在日受到歧视[EB/OL].[2012-05-04].http://bjyouth.ynet.com/article.jsp? oid=8818222.

③ 韩国国家人权委员会:应该承认韩国华侨学校学历[EB/OL].[2008-05-06].http://www.china.com.cn/news/txt/2006-09/14/content_7161485.htm.

④ 韩国国家人权委员会:应该承认韩国华侨学校学历[EB/OL].[2008-05-06].http://www.china.com.cn/news/txt/2006-09/14/content_7161485.htm.

条件将被废除,今后可由各日本大学根据入学志愿书等材料独自判断考生是否有入学资格。这就意味着在日外国人学校(又称民族学校、国际学校)的毕业生,今后他们即使没有参加大检考试,也有机会升入各类大学,在日外国人学校毕业生的升学路将越来越广阔。①

(二)解决途径

面对华文学校办学受困于所在国文教政策这一不易改变的现实,我们应更多地立足自身,动员各方力量,寻求解决问题的途径。

1.多方共建,进一步拓宽资金筹集渠道。

其一,海外华侨华人向来有投资兴学的优良传统,作为海外华族的民族教育机构,海外华文学校正是因为有了华侨华人的热心投入才一直坚持走到今天。一部海外华文教育史,可以说就是无数华侨华人热心民族教育的兴学史。远的不说,在当今华文教育办学中仍有众多倾资助学的感人事迹。如菲律宾著名商业家、企业家陈永栽先生,自 2001 年以来连续 11 年共资助近 7700 名菲律宾华裔学生来福建参加"菲律宾华裔青少年学中文夏令营活动";捐资五千万元人民币支持华侨大学建设华文教育培训中心——"陈延奎大楼";始终大力支持在菲律宾已成功举办六届、被誉为海外华文教育模式创新典范的"中华文化大乐园"夏令营活动。再如泰国中华总商会主席吴宏丰先生,为促进华文教育事业,决定私人斥巨资,向全泰国一百三十多所需建校经费的华文民校,每校赞助一百万泰铢②。目前华侨华人经济日益壮大,据统计,截至 2009 年年底,全球华商企业总资产已达约 3.9 万亿美元③,与此同时近年来"华侨华人社会发展华文教育的热情空前高涨"④,如何动员更多的中华民族社会力量投入到

---

① 成人高考入学考试——日本放宽入学政策 在日外国人毋需大检亦可高考[EB/OL].[2011-08-09]. http://www.topsage.com/english/2010/0225/abroad_18639.html.
② 泰国中华总商会主席吴宏丰捐助华文教育[EB/OL].[2010-05-09].http://news.sohu.com/20080418/n256368165.shtml.
③ 邓凯,计亚男.李克明:引经据典论商道[N].光明日报,2011-6-22(12).
④ 赵阳:加快中华文化走出去 华文教育大有可为[EB/OL].[2012-01-04]. http://www.chinanews.com/hwjy/2011/10-30/3424149.shtml.

华文学校办学中来,是解决办学资金可依靠的重要途径。

其二,中国政府和社会各界对华文教育历来十分关注并给予大力支持,近两年来中国华文教育基金会募集资金2亿多元,全部用于华文教育项目[①]。为帮助海外华文学校提升办学层次和办学水平,自2009年起,中国政府开始遴选、建设"华文教育示范学校",每所示范学校获赠10万元人民币的资助,目前已有四批210所海外华文学校入选,至2017年将再建100所。此外,中国驻外使(领)馆,也积极帮助筹措华文学校办学资金,如苏里南广义堂中文学校,中国驻苏使馆出资10万美元援建体育场等。今后中国政府"不仅要抓住机遇,全力营造有利于华文教育可持续发展的外部环境,还要争取各方支持,为海外华文教育事业的大发展提供资源保障"[②]。可见,中国的支持与帮助对缓解华文学校办学资金压力也不可或缺。

其三,作为海外华文学校自身,也应该更积极主动地融入所在国社会,在维护民族权益、合法办学的同时,注意与当地教育机构协调好关系,争取更多的资金支持。如在澳大利亚,悉尼大同中文学校1995年加入了新南威尔士州社团学校联合会,完成了新南威尔士州政府社团学校理事会所要求的注册手续,为学校争取到了政府的教育经费[③];悉尼丰华中文学校因为是"纽省民族语言学校联合会"和"澳大利亚中文学校联合会"的会员学校,故也得到了纽省教育部社区语言教育计划的资助[④]。这些广开当地资源渠道的做法值得提倡和借鉴。

2.搞好学历对接,促进所在国政府承认中国学历。

缅甸曼德勒福庆孔子课堂校长李祖清博士在谈到缅甸华人汉语教学

---

① 赵阳:加快中华文化走出去 华文教育大有可为[EB/OL].[2012-01-04]. http://www.chinanews.com/hwjy/2011/10-30/3424149.shtml.

② 赵阳:加快中华文化走出去 华文教育大有可为[EB/OL].[2012-01-04]. http://www.chinanews.com/hwjy/2011/10-30/3424149.shtml.

③ 悉尼大同中文学校简介[EB/OL].[2011-12-10].http://www.doc88.com/p-142571967190.html.

④ 丰华中文学校[EB/OL].[2010-02-10].http://www.hwjyw.com/hjzx/hjjg/dyz/hwhx/200707/t20070710_2413.shtml.

现状时曾指出,出路问题的解决,是华文教育、汉语教学长期生存当地的重要因素之一;汉语教学不应仅限于语言或者文化的传播,应注重考虑学后出路的问题的解决,这对所有汉语教学工作者是一个挑战①。2009 年 9 月,菲律宾中正学院、侨中学院和嘉南中学 3 所华文学校的 80 余名中学生受邀到中国驻菲大使馆做客时,也曾提出"菲律宾中学毕业后能不能回中国深造"这一他们关心的问题②。华文学校学生升学出路问题是事关学校发展和学生切身利益的现实问题,鉴于所在国政府在这一问题上的制度障碍,做好中国高校与海外华文学校的学历对接工作,将海外华文教育与中国的来华留学生教育结合起来,不啻为兼顾双方、实现双赢的良策。

经过改革开放近 40 年的建设发展,中国高等教育已由精英教育进入大众化教育阶段,教育国际化水平不断提高。来华留学生教育是中国教育国际交流与合作的重要组成部分,近年来取得了长足发展。据统计,2016 年,全年共有来自 205 个国家和地区的 442773 名各类来华留学人员在中国 31 个省(自治区、直辖市)(不含台湾省和香港、澳门特别行政区)的 829 所高等学校和其他教学、科研机构学习③。而据 2010 年《留学中国计划》,到 2020 年中国将成为亚洲最大的留学目的地国家,年度来华留学人数将达到 50 万人次④。在来华留学生教育发展过程中,华裔学生向来是重要对象,华裔学生来华留学对来华留学生教育的发展也做出了突出贡献,争取更多的华裔子弟来华留学是拓展来华留学生教育生源市场的重要渠道。因为就国际学生的流动而言,周边国家是一个国家国际

---

① 曼德勒福庆孔子课堂校长谈缅甸华人汉语教学现状[EB/OL].[2011-12-09].http://www.chinanews.com/hwjy/2011/05-10/3030110.shtml.

② 菲律宾华裔学生眼中的中国:"我们以她为傲"[EB/OL].[2010-05-09].http://xian.qq.com/a/20090921/000188.htm.

③ 2016 年度我国来华留学生情况统计[EB/OL].[2017-11-23].http://www.moe.edu.cn/jyb_xwfb/xw_fbh/moe_2069/xwfbh_2017n/xwfb_170301/170301_sjtj/201703/t20170301_297677.html.

④ 教育部官员解读《留学中国计划》60 年成就综述[EB/OL].[2011-05-11].http://learning.sohu.com/20101001/n275386044.shtml.

学生的首要来源国①,而中国的邻居东盟有 5.6 亿人口,其中华人就超过 3300 万,是来华留学的重要市场。如此而言,如果将海外华文教育与中国来华留学生教育结合起来,既避开了海外华文学校所在国在学生升学问题上的制度障碍,为华文学校学生找到了出路,又促进了中国来华留学生教育的发展,有利于相关工作目标、任务的实现,况且华裔学生来华留学本身也是华文教育的延续,是更为深入和富有成果的"寻根之旅",可谓一举多得。

目前该项工作的对接虽有开展,但力度还不够,也面临一些困难。力度不够在于华裔学生来华留学多依赖中国政府、学校奖学金。如自 2004 年菲律宾华文教育中心启动华文师资"造血计划"以来,华文教育中心除了每年向中国国侨办、国家汉办、各高校争取奖学金名额外,还先后得到菲律宾众多热心单位和个人赞助留华学生的其他费用,包括机票、报名费、教材、生活费等②;2010 年,泰国龙仔厝三才公学六位学生通过考试获得中国侨办提供全额奖学金的三人,半额奖学金三人,赴中国广西华侨学校就读三年高中直到毕业③;2012 年,泰国南邦公立育华学校第七届高中国际班毕业生中有部分人申请中国高校的奖学金,到中国攻读学士学位④;中国华侨大学与老挝寮都公学对接,给予其奖学金名额,等等。2011 年 12 月,中南林业科技大学校长访问团曾专程赴泰国南邦公立育华学校参观考察,双方洽谈的重点就是如何加强学历教育方面的合作、公

①　于富增.改革开放 30 年的来华留学生教育(1978—2008)[M].北京:北京语言大学出版社,2009:279.

②　菲律宾华文教育中心主席颜长城:华文教育的传播者[EB/OL].[2011-12-09].http://www.chinanews.com/hwjy/2011/11-06/3440600.shtml.

③　校董主席黄迨光博士领导有方　三才公学创校六年来成绩显著　该校六名学生获奖学金赴广西华侨学校升读高中[EB/OL].[2012-02-03].http://www.fristweb.com/user/thaichinese/index.php? langtype = cn&pageid = cn_34&add = view&id=2718.

④　驻清迈总领事祝伟敏出席南邦育华学校高中国际班毕业典礼[EB/OL].[2012-10-09].http://www.fmprc.gov.cn/chn/pds/wjdt/zwbd/t908236.htm.

派留学学费减免等问题①。目前的问题在于：一方面，海外华文学校办学多以中小学层次为主，应当鼓励更多的中国高校主动出访，更加积极地与海外华文学校对接；另一方面，海外华文学校学生也不能仅依靠奖学金，毕竟中国政府、学校的财力也有限，在学历教育上按照国际通行规则办事既是教育消费的正常做法，也有利于双方教育的可持续发展。做好对接工作的困难在于，现在与中国签订国家间相互承认学位、学历和文凭的国家还有限，这影响到了华裔学生来华求学的积极性。目前中国虽已与世界33个国家和地区签署了高等学历互认协议，但主要集中在高等教育发达的国家和地区，主要是欧美②，作为华侨华人最为集中的东盟地区而言，至2009年也只有泰国和越南两国与中国签订了高等学历互认协议③。如在文莱，由于目前文莱还不承认中国学历，故其华文学校——中华中学的学生来华留学就受到限制，即使中国高校给予交流生名额，也都用不完，努力争取两国学历互认是他们的期盼④。这说明，争取更多国家承认中国高等教育学历已是中国教育对外交流工作的当务之急，它不仅直接影响到海外华文教育与来华留学生教育的对接，而且也是中国教育国际化水平和影响力的重要体现，需要各方高度重视并继续努力。

3. 鼓励创办更多华文高等学校，搞好华文教育体系建设。

如上所言，目前海外华文学校办学以中小学层次为主，其地位并不稳固，所在国政府或不承认华文学校文凭或在华文学校学生升学时设置种种障碍，致使华文学校学生的出路成为一大问题，困扰着华文学校的生存和发展。对此，我们虽可以通过做好中国高校与海外华文学校的学历对接来为海外华文学校提供帮助，但也只是辅助性的应对之策。从根本上

---

① 泰国南邦公立育华学校游学班湖南结业[EB/OL].[2012-10-09].http://news.sina.com.cn/o/2012-04-10/154224248523.shtml.

② 中国开始与东盟国家签署高等学历互认协议[EB/OL].[2009-10-12].http://learning.sohu.com/20080728/n258422844.shtml.

③ 中国将与东盟国家进一步合作推进学历互认制度[EB/OL].[2010-01-09].http://news.xinhuanet.com/politics/2009-08/06/content_11838059.htm.

④ 出访散记——文莱中华中学[EB/OL].[2011-12-09].http://blog.ntjy.net/articles/17743.

讲,还得依靠华文教育自身结构层次体系的完善来寻找出路。而在既有华文学校办学层次基础上,创办华文大学,无疑是最佳最直接的选择。

　　在海外华文教育发展史上,创办华文教育高等学府其实早已是华侨华人的一大愿望,并为此做出了不懈努力。在这方面,马来西亚的情况最为典型。如 1953 年 3 月,马来西亚华侨华人在新加坡创办的南洋大学,堪称当时海外华文教育的最高学府。该大学设文学院和理学院,文学院的中国语言文学系学生不限于华人,教学语言也不限于华语;新加坡独立后,1974 年教学、考试改为以英语为主要媒介语;1980 年并入新加坡大学(今新加坡国立大学)。20 世纪 60 年代,鉴于政府在华人子弟升大学和出国深造方面诸多歧视性条规,马来西亚华人又提出了"维护华小,支持独中,发展民族高等教育"的华文教育发展战略,想方设法创办华文高等教育学府,以完善华文教育体系。目前马来西亚有华文民办学院 3 所、大学 1 所(均设中文系,具有华文学校特征);1990 年,在宽柔中学专科部的基础上创办南方学院;1997 年,董教总教育中心创办新纪元学院;1999年,在韩江华文学校基础上成立韩江学院;2002 年 8 月 13 日,由马来西亚最大的华人政党马来西亚华人公会主办成立拉曼大学(被誉为马来西亚第一所由华人创办的大学)。马来西亚之所以能有今天华文教育的成绩,被看作海外华文教育的一面旗帜,与其重视华文高等教育和整个华文教育体系建设有着密切的关系。

　　其他如泰国,自 20 世纪 90 年代以来,伴随着"汉语热"的升温和华文语言中心、私立语言学校等各类文化产业(如东方文化书院、中华语文中心、曼谷语言学院等)的迅速发展,1994 年,华侨崇圣大学也获准创办,泰皇御赐泰文校名,该校作为一所综合性大学,设人文、理工、法商、医学四个学院,同时注重华文教育与研究,人文学院即以华文教学与研究为办学重点之一。另外值得一提的是,2004 年,泰南勿洞市华裔市长陈进森投资 5 亿泰铢市财政筹建勿洞中文大学,据规划,该校建成后,将面向全泰国和整个东南亚特别是马来西亚华文学校招生,所有的科系,都将以中文为媒介语,它将成为东南亚第一所中文大学,也将是一所面向全世界的

"国际中文大学"①。

再如华文教育曾被禁绝 30 多年之久的印尼,21 世纪以来华侨华人创办高等教育的热情也空前高涨。2004 年 1 月,印尼万隆劲松基金会和华人社会各界热心人士创办"万隆国际外语学院"(Akademi Bahasa Asing Internasional Bandung),该校开设华语教学专业和商务华语专业,学制为三年(六学期),修满 120 学分并完成毕业论文后即可获得大专文凭(DIPLOMA Ⅲ);该校还与中国多所高等教育机构建立长期合作关系,毕业生可以到中国攻读 1～2 年的专升本课程提高学历,或可以参加与厦门大学合作开办的本科远程教育项目。② 2007 年 5 月,棉兰华人社会慈善和教育联谊会创办的"印尼亚洲国际友好学院"(Sekolah Tinggi Bahasa Asing-Persahabatan Internasional Asia,简称为 STBA-PIA),是位于印尼苏北省棉兰市的第一所华文本科院校。2007 年 7 月,原东爪哇著名侨校——马琅中学的校友创办民间综合性三语大学"马中大学",目前已设置六个专业(工商管理、会计、电脑、英语、工业工程和软件工程),以英语和印尼语为教学媒介语③;目前该校华文虽未独立设院/系,但于 2009 年 10 月开设"华文角"(华文俱乐部)作为中华文化和语言中心,不仅面向全校开办华文教学课,还举办各种文化活动(如诗朗诵、华文歌曲对唱、舞蹈、书法、功夫、饮食文化等),以此在更广泛范围推介中国文化,达到培养华语人才的目的。

以上海外华文高校的创办数量虽有限,在创办和办学过程中也遇到了更大的困难,但它无疑是海外华文教育未来的发展方向,对于提高海外华文教育的办学层次,完善办学结构,满足华裔青少年的高等教育需求,推动海外华族高层次人才培养和社会发展都意义重大。对此我们应该积极支持与鼓励,让民族文化的传承在更高的平台上得以展开,并为海外华

① 郜晋妮. 泰南勿洞兴办中文大学[N/OL]. [2009-10-12]. http://paper.wenweipo.com/2006/05/16/NS0605160003.htm.

② Akademi Bahasa Asing Internasional Bandung[EB/OL]. [2009-10-12]. http://aba-inter.blogspot.com.

③ Ma Chung University[EB/OL]. [2010-06-11]. http://www.machung.ac.id.

族社会的发展提供更多的知识与智力保障。而华文教育层次的提高、体系的完善无疑对改善其在所在国的地位有着积极的影响和作用。

第三节　中外紧密互动,加大助推力

一、中国是推动华文教育发展不可或缺的重要力量

华侨华人是中华民族的海外移民,中国政府向来十分关心广大华侨华人的生存和发展,在文化教育方面,为满足华侨华人的需求所开展的华文教育不仅历史悠久、内涵丰富、形式多样,而且中外互动已成为推动海外华文教育大发展的不可或缺的重要力量,这也是海外华文教育的独特优势所在。

新中国成立后,大量华侨纷纷送子女回国就学,为适应这一形势,中国政府积极做好接待和安排工作。一方面,将回国就学的华侨子女分送入国内各地各级学校,由学校按程度有计划地大量录取与收容;另一方面,专门开办了一批华侨大专及中专学校、华侨学生补习学校以及华侨农场中小学等。为使华侨学生能有更多机会接受高等教育,国家又重建暨南大学(1958年)、创办华侨大学(1960年)等高等院校,重点招收华侨子弟。在具体政策、措施上,也适当照顾到华侨学生报考各级学校,积极辅导他们提高文化水平,关心他们的生活福利,以保证"不使华侨学生失学"。除了妥善安排华侨子女回国就学,国家还应华侨本人的学习要求,在考虑到他们的实际状况和谋生需要的情况下,开展了形式灵活的函授教育。1956年创办的厦门大学海外华侨函授部就是这样一所面向成人华侨兼设中文、中医两个专业且以师范教育为主的高等教育机构。这样,从小学到大学,既面向华侨子弟又面向华侨本人,形式多样、种类齐全的华文教育体系基本形成。

在海外华侨社会转为华人社会之后,为适应这一新的变化,国内华文教育在多方面适时做出调整:专门的大中专学校逐渐向职业化发展,补习学校逐步向语言文化学校演变,农场中小学更加配套,专门的高等学校要

努力"办出特色、办出水平",而传统函授教育也开始向现代化远程教育过渡。新时期的华文教育不仅参与单位多,分布地域广,从办学种类上讲,也是多种多样,既有不同层次的学历教育,也有各种形式的非学历教育以及各类进修、培训等。教育之外,国家还在人力物力上积极支持海外华文教育办学,其中包括培训海外华文师资,派出师资和志愿者,提供教材及其他教学资源等多方面内容。

21世纪以来,为进一步加大对海外华文教育办学的帮助支持力度,国务院侨办又采取了许多重大举措,如为搭建华文教育工作的交流平台,推动世界华文教育发展,组织召开"世界华文教育大会";为了调动社会各方面资源和地方优势,共同做好华文教育工作,在国内院校设立"华文教育基地";为适应海外华文教育现代化发展的要求,提高海外华文学校教师的教学能力和水平,帮助华裔青少年更快捷、更有效地学习中国语言、了解中华文化,创办专业网站"中国华文教育网";为帮助海外华文学校提升办学层次和办学水平,在海外设立"华文教育示范学校";为增进海外华裔和港澳台地区青少年对中国的了解,推动海外华文教育发展,定期举办"中国寻根之旅"等各类夏(冬)令营;为弘扬中华文化、提高海外侨胞中华才艺水平,在国内设立"中华才艺培训基地";为提高海外华裔青少年学习汉语和中华文化的兴趣,定期举办"海外华裔青少年中华文化知识竞赛"(中华文化大赛),等等。以上这些重大举措极大地助推了海外华文教育的发展,特别是其中大型综合性活动的开展,不仅涉及范围广,参与者众,而且内容丰富,影响深远,已成为推动世界华文教育发展的知名品牌。

台湾和大陆同属一个中国,两岸同胞是血脉相连的命运共同体,同属中华民族大家庭。虽然目前两岸尚未实现统一,但做好华文教育工作,是一件涉及两岸同胞及全体中华儿女,关乎中华民族伟大复兴的大事。在华文教育领域,早日实现两岸联手,合力推进,无疑会为华文教育的发展注入强大的动力。

(一)两岸华文教育内容、宗旨的一致性

中国有数千万的海外华侨华人,他们虽身居海外,但心系故土,传承、传播自身的民族语言文化既是他们民族归属的需要,也是他们在异域文化环境中自立、自强的客观使然。为适应海外华侨华人的这一客观需求,

无论是大陆还是台湾,一向都重视开展华文教育,想方设法为满足海外中华民族的教育文化需要提供各方面支持和帮助。两岸的华文教育不仅开始时间长,而且办学形式多样,且各有特色。

新中国成立后,大陆的华文教育开展情况已见上文。就台湾地区而言,其侨民教育也已有半个多世纪的历史,简单概括可分为岛内侨教和岛外侨教两个方面。在岛内侨教方面,1951年台湾"立法院"通过"当前侨务施政政策要点",其中第四项就提出奖励华侨青年回台湾就学。在接收方式上,有保送和分发两种办法;在接收学校层次、种类上,有正规的全日制大中小校(包括1990年决定复办的"暨南大学")、华侨实验高级中学,也有短期的职业学校技术培训班、设于中学的大学先修班、大中专职业院校的职业技术训练班和语言文化中心、中华文化研习班等;在教学上,加强辅导,实行弹性的学籍管理;在生活上,多方照顾,并且注意与毕业侨生的联系。此外,还组织成立"世界华文教育协进会"(后改名为世界华语文教育学会),举办各种学术研讨会,创设"海华文教基金",加强华文师资培训,推进"教师输出计划",创办《侨教双周刊》,等等。在岛外侨教方面,台湾重视岛外侨校师资的培养、进修和选介,编印、赠送各类教材、读物,开展函授(如1956年的侨民教育函授学校)、广播教育(空中书院),在岛外设立"华侨文教服务中心",设专款补助、奖励岛外侨校办学,等等。①② 近年来还致力于全球华文网络教育中心建设,并取得进展。

从上述两岸华文教育的开展情况来看,都是为了满足海外华侨华人的需要,抱着关心海外华族之诚,以做好教育服务为基本出发点。就教学内容而言,在不同专业、不同层次的课程教育之外,汉语和中华文化是共同的内容,也是最为主要的内容。就办学宗旨而言,通过民族语言文化和各种专业知识的学习,在帮助和促进民族语言文化在海外传承、传播的同时,培养适合当地需要的优秀人才是共同的目的。从教育性质和发展历

---

① 林蒲田.华侨教育与华文教育概论[M].厦门:厦门大学出版社,1995:167-184.

② 王本尊.台湾地区华侨教育概论[M]//周南京.华侨华人百科全书:总论卷.北京:中国华侨出版社,2002:619-630.

程来讲,华文教育经历了一个由华侨教育到华人教育的演变。20世纪五六十年代,随着国际形势的发展变化,海外华侨大多加入了所在国国籍,华人及华裔青少年成为华文教育的主体对象。为适应这一变化,大陆华文教育在办学思想上及时做出调整,将海外华文教育定位为所在国教育的一部分,相应的培养目标也由过去的侨民教育改变为培养具有中华文化气质的当地公民。这一调整和变化是完全适合海外华文教育实际的,故对海外华文教育办学起到了很大的推动作用。大陆华文教育办学尽管有以上调整,但办学宗旨一直围绕着中华文化的传承这一主题。台湾地区的华文教育办学,对来台侨生,台"行政院"于1979年核定施行的"当前侨生教育改进措施"中提出旨在弘扬中华文化于海外,提高侨胞的向心力,培植侨社后继人才,协助侨居地建设①;对岛外侨教,其教育方针是"使海外中华儿女,一方面能适应侨居地生活环境,谋求生存发展;一方面在海外又能绵延中华文化,发扬传统美德,兼收贡献当地与报效宗邦之功"②。这一教育对象和办学宗旨基本是一贯的。可见,两岸的华文教育均是出于对海外华文教育的支持和帮助,以汉语和中华文化为主要教学内容,培养具有中华气质的当地人才,故其内容、宗旨与华侨华人在海外自办的华文教育是完全一致的。这为两岸华文教育的交流合作打下了坚实基础,提供了根本保障。

(二)两岸华文教育交流合作有着广阔的空间

两岸的华文教育不仅在理论上有着不可分离的逻辑内核,而且在实践中也有着极为广阔的合作空间和渠道。2013年,习近平总书记在会见中国国民党荣誉主席吴伯雄一行时曾指出,坚持从中华民族整体利益的高度把握两岸关系的大局,两岸各领域交流合作有着广阔空间,两岸双方应该为深化经济、科技、文化、教育等领域合作采取更多积极举措。③ 而华文教育是两岸最具有合作条件也最容易达成共识的一项工作,故两岸华文教育的交流合作应走在两岸教育交流合作的前列。

---

① 林蒲田.华侨教育与华文教育概论[M].厦门:厦门大学出版社,1995:167.
② 林蒲田.华侨教育与华文教育概论[M].厦门:厦门大学出版社,1995:168.
③ 习近平.习近平谈治国理政[M].北京:外文出版社,2014:233、235.

1. 从维护中华民族的根本利益出发,统一认识。

2008 年 4 月,胡锦涛总书记在会见中国国民党荣誉主席连战一行时曾指出:中华民族正迎来实现伟大复兴的光明前景;这是两岸同胞和全体中华儿女的共同荣耀;两岸同胞是血脉相连的命运共同体,同属中华民族这个大家庭;衷心希望两岸同胞进一步携起手来,共同开创两岸关系和平发展新局面,共同实现中华民族伟大复兴,共同促进人类和平与发展的崇高事业。以传承中华文化为宗旨的华文教育,正是这样一项涉及"两岸同胞和全体中华儿女",关乎"中华民族伟大复兴",促进"人类和平与发展"的文化教育事业。所以应从一个"大家庭"和维护中华民族的根本利益出发,团结起来,形成合力,共同开创华文教育的美好明天。需要指出的是,在华文教育办学上,台湾当局一直掺和着许多政治杂质。无论是来台侨生教育还是海外侨教,其一面虽"旨在弘扬中华文化于海外""本于发扬中华文化之方针""启发华侨青年民族精神、伦理观念"等①,但另一面也有着反动的政治目的。例如在文化教育中推行"去中国化",兜售"文化台独"和"渐进式台独"等。这些已变传承中华文化、培养海外华裔青年为借传播中华文化之机,争夺海外华侨华人年轻一代。这已远远背离了华文教育本来的目的和宗旨,是对华文教育的严重干扰和破坏,并已成为制约两岸华文教育取得共识的关键。华文教育是从民族感情出发,弘扬民族文化、培养民族人才的民族伟业,只有以世界的眼光,为民族利益着想,才能真正办好华文教育。这是两岸走向合作,形成合力的基本出发点。

2. 从合作双赢的角度,相互借鉴。

从华文教育的整体发展来看,海峡两岸对外开展的华文教育是海外华文教育发展的重要推动源。两岸在长达半个多世纪的办学实践中,各自积累了丰富经验,各具特色,各有优势。在两岸既有办学基础上,相互借鉴,取长补短,就能进一步整合教育资源,共同推进海内外华文教育的发展,从而在合作中实现双赢。总体而言,大陆的华文教育在办学理念、师资、汉语拼音、简体字等方面相对台湾更有优势。大陆针对受教育者身

---

① 林蒲田.华侨教育与华文教育概论[M].厦门:厦门大学出版社,1995:167-168.

份的改变及时调整办学思想,事实证明,调整后的办学理念更符合世界形势的发展需要和华文教育在所在国的实际情况,合理的定位更有利于促进华文教育在海外的生存与发展。师资一直是困扰海外华文教育发展的一大问题,大陆一向重视国内华文教育师资的培养和输出工作。在专业人才培养方面,以最早开设华文教育本科专业的暨南大学和华侨大学为例,至 2016 年毕业并获学位的学生已逾 300 人,仅暨南大学 2016 届海外华文教育本科毕业生就有 150 名。① 在专业人才培养的同时,国家每年还有组织有计划地面向社会招募教师,赴外任教,单是 2013—2017 年五年期间,以国务院侨办为主体的各级侨务部门及华文教育基地院校等相关单位先后培养外派的华文教师就达 3000 人②。教育大国在华文教育的师资支撑方面越来越显出优势。除了国内师资培养和派出,海外本土师资的培训工作也一直是大陆华文教育工作的重要方面。仅以 2013—2015 年为例,培训海外华文教师及华文学校校长等有上万人之多,华文教育"名师巡讲团"赴外培训一线华文教师 2 万多人次。③ 在语言文字的本体教学方面,大陆的汉语拼音、简体字教学不仅更符合语言文字本身的发展趋势,而且对第二语言学习者来说更易掌握,有利于汉语的国际化。台湾的华文教育也有许多值得大陆借鉴的地方。如在多年的经营中已打下了较为雄厚的海外教育基础;在办学经费上资金投入充足;在办学方式上灵活多样,其中函授(远程)、广播教育颇具特色;在人才培养上充分考虑到了华裔青少年的谋生需要,职业教育突出等等。

3.从沟通与联系入手,扎实推进。

虽然目前两岸关系还存在种种壁垒,但要形成共识,实现借鉴,就必须利用一切机会和条件充分展开沟通和联系。这是促成合作的必要前提。令人高兴的是,两岸华文教育工作者并没有完全被现在的政治局面

---

① 贾益民.新时代世界华文教育的新发展[M]//贾益民.世界华文教育年鉴(2017).北京:社会科学文献出版社,2017:4.

② 贾益民.新时代世界华文教育的新发展[M]//贾益民.世界华文教育年鉴(2017).北京:社会科学文献出版社,2017:4.

③ 贾益民.新时代世界华文教育的新发展[M]//贾益民.世界华文教育年鉴(2017).北京:社会科学文献出版社,2017:4-5.

所困,而是从传承民族语言文化的大局出发,利用地区或国际性的一些学术活动相互交流、探讨,增进了解,建立联系。早在 1992 年和 2001 年,台湾的世界华语文教育学会就曾两次专门组团到大陆数地数所高校访问交流。2008 年 8 月和 2010 年 4 月,该学会又两次组织大陆学术访问团,先后与厦门大学、华侨大学、暨南大学、中山大学、广州大学、上海师范大学、华东师范大学、复旦大学、北京语言大学、北京华文学院、北京大学、国家汉办、国家语委、国务院侨办等高校和领导机构见面会谈,取得了很好的效果。更令人感到欣慰的是,在沟通和联系的基础上近年来围绕着华文教育,两岸的交流与合作也已启动。2008 年 1 月,由暨南大学、新加坡南洋理工大学、台湾世界华语文教育学会共同发起创办的"世界华语文教学研究生论坛"已经启动并持续开展;2009 年 11 月,由暨南大学与台湾世界华语文教育学会在台北举办的"海外华人华文教育论坛会",被认为是大陆华文教育界的首次访台;2010 年 4 月,由暨南大学与台湾世界华语文教育学会在广州举办的"两岸华文教育论坛",成果丰硕。可以肯定,在这种沟通与联系的不断推动下,双方的借鉴、学习乃至合作必将一步步落到实处。可以预见,除了双方各自的经验能在交流中得以共享外,其他诸如师资培训、教材开发、远程教育乃至合作办学等也必将在交流中结出硕果。

华文教育是两岸共同开展的教育实践,无论大陆还是台湾都面临着诸如政策措施、组织机构、运作模式、资金投入、生源情况、教材编写、师资培养、教学资源、教学方法、远程教育等共性办学问题;通过华文教育来促进中华文化的世界传播是两岸的共同责任,无论大陆还是台湾也都面临着诸如教师、教材、教法这样影响华文教育发展的关键性教育课题。如果两岸能相互借鉴,就能合力攻关;如能合力推动,就能迎来华文教育的更大发展。目前伴随着中国的和平崛起,正是华文教育发展的重要战略机遇期,而这样的机遇期在一个民族的世界发展史上是不多见的。当此之际,尤需我们全体中华儿女倍加珍惜。两岸的合作不仅大有可为,而且意义深远。

由上可见,中国开展的华文教育是海外华文教育不可或缺的重要支持和帮助力量,这种支持和帮助体现了中国对海外华族的关心,而中外互

动也已成为华文教育发展的独特优势所在。我们应当牢记习近平总书记所说的"团结统一的中华民族是海内外中华儿女共同的'根',博大精深的中华文化是海内外中华儿女共同的'魂',实现中华民族伟大复兴是海内外中华儿女共同的'梦'",相信在更进一步的密切互动中,海外华文教育在迎来更大发展的同时,中国国家软实力也必将进一步增强。

二、合作帮扶,协同创新

就中外合作的依托力量来讲,在中国国内为了调动社会各方面资源和地方优势,共同做好华文教育工作,国务院侨办从 2000 年开始,先后在一些省市遴选了一批办学实力雄厚,各方面条件比较适合的院校,作为开展海外华文教育工作的基地,目前已设基地院校 49 所[①];在海外为帮助海外华文学校提升办学层次和办学水平,国务院侨办自 2009 年起,遴选、建设了一批"华文教育示范学校",目前已有 35 个国家的 210 所华文学校入选。如果以上述海内外华文教育核心力量为依托,可以说双方合作领域极为广阔,帮扶形式也不拘一格,在密切互动中还有可能走出一条协同创新之路。

(一)将专业人才的培养与使用结合起来,中外联手,实现双赢

师资短缺且老龄化是长期困扰海外华文教育发展的一大问题。而专业化年轻师资人才的培养目前还主要是靠中国国内高校,这其中既包括来自中国国内将来有志于海外华文教育事业的中国学生(亦即国际汉语教师),也包括来自海外的留学生(亦即本土化汉语教师)。其专业分布主要集中在华文教育、对外汉语教学本科及对外汉语教学、汉语国际教育硕士等领域。近年来伴随着世界汉语需求的增长,中国国内汉语教学专业人才的培养也大幅度增长。据统计,2005 年开展对外汉语教学方向硕士研究生培养的院校有 47 所,2009 年开展对外汉语专业本科生培养的院校即有 285 所[②],2010 年开展汉语国际教育专业硕士培养的院校有 63

---

① 国侨办新增华文教育基地落户河北保定[EB/OL].[2017-10-12]. http://www.chinanews.com/hr/2017/06-18/8254174.shtml.

② 邱乾谋.285 所高校开设对外汉语专业[N].北京考试报,2010-12-18(3).

所。但目前的问题在于：一方面，国内培养的人才数量颇众，由于国内的使用量有限，他们或因为找不到实习机会而影响了培养质量，或因为找不到工作而在毕业后纷纷改行，造成了人才流失和浪费；另一方面，海外的众多华文学校却因为师资短缺一直在奔走呼号。两者之间这一明显的反差长期以来未得到妥善解决。如果将中国国内人才培养与海外华文学校用人更好地结合起来，无疑是实现双赢的有利举措。2009 年 10 月 29日，经友好协商，新西兰路易·艾黎中文学校成为南京师范大学汉语国际教育硕士专业研究生的首个海外教学实习基地，从 2010 年始南京师范大学拟分批选派汉语国际教育硕士专业的研究生赴该校进行为期 10 个月左右的教学实习①。2012 年 5 月 13 日，云南大学汉语国际教育专业硕士研究生答辩会于曼德勒福庆孔子课堂会议室内举行。参与此次答辩会的是云南大学汉语国际教育专业的中国学生，他们在云大修了汉语国际的课程以后，持"双重身份"来到了缅甸仰光、东枝、腊戌等地区，实习并作为汉语教学志愿者，在该地区进行支教。这种"走出去"答辩会属于首创，是中国云南大学与缅甸曼德勒福庆孔子课堂的另一次成功合作。② 上述基地的设立、答辩会的举行就是中外联手将专业人才的培养与使用结合起来的创新做法，它既拓宽了人才培养渠道，提高了人才培养质量，又实际支持了海外华文学校教学，甚至对人才今后的就业和促进海外华文学校教学理论水平的提高也会起到积极影响。

（二）发挥国内高校的资源优势，在合作办学中，提升海外华文学校的办学水平及内涵

中国是高等教育大国，2017 年高等学校有近 3000 所，不仅规模庞大，而且教学、学术资源丰厚。如果将这笔宝贵的资源充分动员起来、利用起来，则会为海外华文教育发展注入无穷的力量。21 世纪以来，我们

---

① 新西兰路易·艾黎中文学校将成为我院首个海外教学实习基地[EB/OL].[2010-11-11]. http://www.lxnjnu.com/guest/cn/2009-10/154543_664207.html.

② 云南大学汉语国际教育专业硕士研究生答辩会于曼德勒福庆孔子课堂内举行[EB/OL]. [2013-08-11]. http://www.mhwmm.com/Ch/NewsView.asp? ID＝1083.

看到海外华文学校与中国高校各种形式的合作交流日益增多,通过合作,既提升海外华文学校的办学水平及内涵,同时也扩大了中国高校的海外影响。

2004 年 8 月,菲律宾中正学院与福建师大海外教育学院正式签订了两校交流与合作协议书,制定了以"2+2"(2 年在菲学习,2 年到福建师大学习)方式联合创办华文教育系的实施细则,帮助菲方培养华文教育专业的高层次汉语教师。①

自 2005 年 8 月中国广西柳州市与泰国罗勇府缔结友好城市以来,柳州城市职业学院与罗勇府公立光华学校开展了系列华文教育交流合作活动,由柳州城市职业学院向罗勇府公立光华学校派出华文教师,并接收罗勇府公立光华学校派出的前来进修的学生。②

2005 年,福建儿童发展职业学院(原福建幼儿师范高等专科学校)在菲律宾描戈律大同幼儿园建海外实验幼儿园。③ 2008 年 1 月,该院又在菲律宾描戈律大同中学正式成立海外幼儿教师培训中心,并面向菲律宾西黑省教育部和公立幼儿园开展"幼儿园课程特色观摩研讨活动",帮助菲律宾描戈律大同幼儿园进行五年的深入课改,成效显著。2009 年 12 月,该院将合作帮扶的对象进一步扩大,将菲律宾的四所华文学校——米沙鄢地区的描戈律大同中学、马尼拉地区的计顺市菲华中学、吕宋地区的丹辘新民中学和罗申那同和中学纳入"福建儿童发展职业学院华文启蒙教育研究基地",合作范围与力度再上新台阶。④

2006—2007 年,首都师范大学初等教育学院与菲律宾侨中学院开展

---

① 我国首条跨国汉语远程教育网络开通[EB/OL].[2008-07-02]. http://www.cmr.com.cn/websitedm/elearning/guest/magazine/paperpre.asp? PaperID=2214.

② 赴东盟四国推介中国—东盟汽车博览会[EB/OL].[2011-12-02]. http://news.cntv.cn/20110817/100581.shtml.

③ 中国驻菲总领事一行莅临我院海外实验幼儿园参观指导[EB/OL].[2009-10-13]. http://www.fj61.net/Item.aspx? id=1347.

④ 我院代表团赴菲考察指导教育工作[EB/OL].[2011-10-12]. http://old.fj61.net/Item/6482.aspx.

包括支教在内的合作,既帮助侨中学院教师解决了实际教学问题,提高了其教学水平,又培养了首都师范大学本科生、研究生的教学实践能力,扩大了学术视野,同时还提高了中华文化在海外的地位,扩大了首都师范大学初等教育学院在东南亚的影响。①

2007 年 11 月,厦门理工学院与菲律宾中正学院签署姐妹学院备忘录,双方将本着平等互利原则,加强教师和管理人员的合作,以及发展学生之间的交流;本着促进学术研究及教育的目的,努力加强学术及教育方面的合作;就共同感兴趣的话题,不定期开展学术以及文化等领域的校际交流活动;定期交换图书数据及有关学术信息等。②

2009 年 3 月,暨南大学华文学院与菲律宾华文教育中心暨密三密斯光华中学董事会签约合作,三方将共同致力办好密三密斯光华中学,华文学院将派出专职管理人员参与密三密斯光华中学的教学和管理,并在华文师资和管理人员培训、教材编写、预科教育等方面开展深入合作。③

2011 年 4 月,华侨大学与菲律宾三宝颜中华中学签署合作备忘录,双方将在中菲两国政府有关政策、法律允许的范围内开展教育合作和文化交流活动,为双方教育管理人员互访提供方便,合作举办"中华文化大乐园"及师生短期研修班等活动;华侨大学将优先接收三宝颜中华中学学生前来学习汉语及其他学历教育课程。④

2011 年 4 月,菲律宾三宝颜中华中学访问山东德州学院并签署合作协议,双方在中菲友好交往特别是苏禄国王及其后裔研究、留学生游学活动及教学、教师培训、汉语英语培训等共同感兴趣的合作领域进行了坦诚

---

① 跨国文化交流 支教菲律宾[EB/OL]. [2011-10-12]. http://blog. sina. com. cn/s/blog_4b502a1401000brm. html.

② 菲律宾中正学院与厦门理工学院签署姐妹学院备忘录[EB/OL]. [2015-09-12]. http://blog. sina. com. cn/s/blog_4c77e23301000c4r. html.

③ 我校华文学院与菲律宾华文教育中心、密三密斯光华中学董事会签署合作协议[EB/OL]. [2010-10-12]. http://news. jnu. edu. cn/jianbao/getinfo. asp? ID＝3611.

④ 华侨大学与菲律宾三宝颜中华中学签合作备忘录[EB/OL]. [2011-10-12]. http://news. cntv. cn/20110427/110265. shtml.

交流并达成了共识。①

2011年6月,包括泰国罗勇公立光华学校主席在内的泰国华文教育界人士访问团到北京华文学院访问,双方就泰国罗勇公立光华学校与北京华文学院在教学与研究方面的合作等项目进行了初步磋商,并达成许多共识。②

2011年12月,中南林业科技大学访问泰国南邦公立育华学校,并签署意向性合作协议;2012年4月,泰国南邦公立育华学校的留学生游学班在中南林业科技大学顺利结业;2012年5月,泰国南邦公立育华学校基金会又访问中南林业科技大学,双方本着合作共赢、以诚相待的态度深入探讨合作细节,就如何更好地促进泰国留学生来华留学,如何提升留学质量及学习专业等事项一一进行商议,最终达成共识并成功签约。③

21世纪以来类似上述的中外合作交流项目/活动可以说是越来越多,许多体现双赢的创新思路和做法正是在内容/形式多样的合作交流中得以激发。

(三)与国内中小学结对交流,相互支持,共同进步

海外华文学校办学层次以中小学为主,故与国内中小学的交流也不可或缺。通过交流不仅可以相互学习、相互支持,而且有助于增进友谊和感情,从小感受"一家人"的同胞亲情,共同成长进步。21世纪以来,这方面的交流也多有开展:

2006年,菲律宾侨中学院与晋江侨声中学缔结友好学校,菲律宾侨中学院每年三月底都选派二至三位英文教师,到侨声中学做为期一个半

---

① 菲律宾三宝颜中华中学代表团到德州学院访问[EB/OL].[2011-10-12]. http://xwzx.dzu.edu.cn/news/mcwnsy.php? id=6230.

② 泰国罗勇公立光华学校访问团到我院访问[EB/OL].[2011-10-12]. http://www.bjhwxy.com/news/2011/0620/817.shtml.

③ 泰南邦育华学校与中南林业科大签合作办学协议[EB/OL].[2012-09-02]. http://news.jschina.com.cn/system/2012/05/24/013406803.shtml.

月的英语教学交流。①

2007 年 8 月，泰国帕府中兴学校举办首届"中国营"活动，到访的中国云南东川二小的学生也参与其中，使首届"中国营"成为联结两校情感和友谊的纽带，并将进一步促进两校之间的文化交流与情感交流。②

2007 年 10 月，泰国龙仔厝三才公学的 28 名小朋友，来到南宁市西乡塘区清川小学，开展"中泰口语心连心"文化教育交流活动。此次文化交流活动，旨在了解中国教育状况，体验中国的基础教育和教学，增进中泰两国人民的教育文化交流。活动期间，中泰小学生们在校园里体验现场教学听课、学习交流唐诗宋词、在课堂上对话日常口语、开展讲故事、学习中国的琴棋书画艺术、相互赠送代表两国文化内容的各种礼品、现场书画竞赛等活动。③

2009 年 10 月，中国自贡市解放路中学与泰国南邦公立育华学校"手拉手结对"签约，今后两校领导将定期或不定期举办领导交流会，互派教师观摩学习，同时，尽可能地给予双方物力和财力的支持，促进两校学生"手拉手"联谊活动的开展。④

2010 年 3 月，中国晋江养正中学与菲律宾中正学院缔结姐妹友好关系学校，两校将进行互利、互补、双赢的双向交流，包括交换教师、交流教学讯息，以及学生互访。这是养正中学开展国际合作、走向新起点所迈出的重要一步，同时双方教学成果必将更上一层楼。⑤

---

① 菲律宾侨中学院 2 名外教晋江侨声中学交流英语教学[EB/OL].[2010-10-12]. http://www. fjedu. gov. cn/html/2010/03/378_73672. html? uni = 8d9332ba-fd62-4a2f-ab8f-087a98a410d6.

② 手拉手真情似海深 心连心宛如一家亲[EB/OL].[2010-10-12]. http://www. sdqb. gov. cn/hwjy/wphq/200909/788ac623-bb22-43e7-afad-2931474c2b28. htm.

③ 中泰小朋友 相互交流唐诗宋词[EB/OL].[2009-07-02]. http://www. gx. xinhuanet. com/newscenter/2007-10/12/content_11379196. htm.

④ 自贡解放路中学与泰国育华学校结对签约[EB/OL].[2010-10-12]. http://jswm. newssc. org/system/2009/10/27/012394451. shtml.

⑤ 菲律宾华文学校与闽中学缔结姐妹校 将展开双向交流[EB/OL].[2010-10-12]. http://news. sohu. com/20100312/n270717174. shtml.

2011 年 5 月,由河南开封外侨办选送的来自开封金明学校的杨义南老师赴泰国达府美速智民学校任教,由于杨义南老师教学经验丰富、工作认真负责、表现突出,被智民学校校董任命为学校中文部校长。为促进中泰两校的合作交流,河南开封金明学校拟与泰国达府美速智民学校缔结为友好学校。①

2011 年 6 月,山东枣庄市市中区文化路小学与泰国罗勇公立光华学校缔结姊妹学校,在"姊妹合作、优势互补、资源共享"的共识下,双方将在各自方便的时候互派师生代表团进行交流访问活动。姊妹学校的签约,对增进双方的文化教育合作交流,提高双方教师教育教学专业水平,促进学生个性成长,将起到良好的推动作用,同时也促进了中华文化在海外的传承和发展。②③

2011 年 10 月,泰国帕府中兴学校代表团到访山东泰安高新区凤凰小学,双方签订姊妹学校协议书,并就今后双方信息沟通、相关课程的交流、师生互访等方面达成共识。协议的签署,将更加有利于拓宽学校师生的国际视野,为学校不断开展国际教育合作与交流,开阔教育思路,引进国际先进办学理念和教育教学方法,提升师生素质,搭建了积极有效的平台。④

由于国内中小学与海外华文学校同属一个办学层次,故两者的结对交流就显得更为生动、更为鲜活,也更能增进海内外华裔少年的骨肉亲情和手足情谊,而这正是实现民族认同、增强民族凝聚力的基础。

---

① 我外派教师当选泰国达府美速智民学校校长[EB/OL]. [2011-12-12]. http://blog. sina. com. cn/s/blog_67fda9a10100zel9. html.

② 泰国罗勇公立光华学校与文化路小学缔结为姊妹学校[EB/OL]. [2011-10-12]. http://www. whlxx. com/Article_Show. asp? ArticleID=3413.

③ 文化路小学与泰国罗勇公立光华学校缔结姊妹学校签约仪式举行[EB/OL]. [2011-10-12]. http://www. zaozhuang. gov. cn/art/2011/6/29/art_2272_248967. html.

④ 高新区凤凰小学与泰国帕府公立中兴学校缔结友好关系[EB/OL]. [2011-12-12]. http://www. taian. edu. cn/edoas2/website18/level3. jsp? id=1319098379734293&tableid=1173262836937027.

（四）跟上"互联网＋"时代步伐，做好远程华文教育学科建设工作

伴随着信息和网络技术的发展和应用，世界已进入"互联网＋"时代。为适应这一时代形势，海内外华文教育都应重视"互联网＋"型的华文学校或中华文化学校的建设，其中就国内而言，做好远程华文教育学科建设是一个重要方面。远程华文教育是随着现代信息技术在教育教学领域里的应用，由过去的函授华文教育发展而来的一种新的教育形式。说它新，是因为基于现代化教学手段的应用和时代的发展，其教学手段、方式、对象、目的乃至教学理念，与以往的函授教育相比都发生了不小的变化。可以说这是传统函授教育在新时代的一次前所未有的历史转型和变革。抓住这次转型和变革，适时搞好远程华文教育自身的学科建设，对于促进华文教育发展具有重要意义。

远程华文教育与过去的函授教育相比发生了明显的变化：从教学手段上讲，现代化的网络联系代替了过去的邮政通信，教学双方的沟通交流更为便捷；从教学方式上讲，过去一对一的个体教学逐渐变为面向全体学生的资源共享，方式方法更加灵活多样；从教学对象上讲，随着时代的发展变化，老一辈海外移民中的第三、四代华侨华人已逐渐成为教学的主体，此外还有新移民和非华裔人士参与，教育面更趋扩大，生源背景更趋复杂；从教学目的上讲，过去旨在传承中华文化，现在则是传承中华文化与培养具有中华气质的当地公民兼而有之；从教学理念上讲，已往的华文教育多被视为中华民族本民族之内的事，是完全的母语教学，如今则更为注重如何将华文教育融入所在国国民教育体系之中，在世界范围内促进中外文化交流，教学媒介语更多地被定位于介于母语教学与第二语言教学之间。以上这些新变化，为我们全面考察和合理把握新时代远程华文教育的特性，做好华文教育工作，提供了许多新思路和新视角。为此应从自身的学科建设入手，认真解决好课程设置和教材编写两个问题。

课程设置是学科建设的重要方面，也是学科成熟的基本标志。纵观海外函授华文教育的历史，华文教育虽然已开展有年，但在对"华文"一词的理解上，长期以来却未尽一致，在相关课程设置上，更是存在着明显的偏差。在"华文"理解上的分歧，概括起来有所谓广义与狭义之分。主张广义者，认为"华文"指的是中华民族语言文化，开展华文教育不仅仅应进

行民族语言教育,还应重视民族文化教育;主张狭义者,有的认为"华文"指的是中华民族语言,有的认为指的是中国语言文字,还有的认为指的是中国语言文学,在中华民族语言、文字或文学的教育中传承中华文化。理解上的分歧,造成了教育教学上的某些混乱。虽名为"华文教育",其实是你教你的,我教我的,各取所需,各搞一套;或虽名为"华文"专业,其课程设置实际上是照搬国内一般的中国语言文学专业的课程设置,体现不出华文应有的专业特色。这种情况,不仅不利于华文教育教学界的沟通交流,而且于华文的世界传播不利。全面准确地把握华文及华文教育的应有内涵,从课程设置入手,尽快建立起名副其实的华文专业,使华文教育早日走上科学化和规范化的学科发展轨道,是目前摆在广大华文教育工作者面前的一项紧迫任务。

鉴于华文教育的特定内涵及专业课程设置的具体要求,我们认为面向海外的远程华文教育应体现以下几个方面的特点:(1)华文(中国语言文化或汉语言文化)教育不同于国内一般的语言、语言文字或语言文学教育,它有着更为宽泛的内容。(2)华文教育的内容虽较为宽泛,但应围绕着语言与文化这一中心设置相对固定的必修课程和自由度较大的选修课程,这是其作为一门专业学科的基本要求和标志。(3)必修语言类课程,应在具有一定程度的交际汉语基础之上充实语音、汉字、词汇、语法、修辞等专业知识;必修文化类课程,首先应从语言的角度设置课程,体现出由语言到文化的过渡与衔接;其次应在文化领域中做出合理的选择,注重精神和物质两方面成就。(4)选修课程的设置,应从中国语言文化这一大方向出发,具有一定的灵活性和弹性。不仅选修的内容可适当放宽,而且还应根据海外不同地域的特点及学生的兴趣要求开出富有特色的多样性课程。诸如经贸、旅游等实用性课程,中国历史、当代国情等基础性课程,华侨华人与中外交往等专门性课程,都可纳入选修的范围。选修内容的设定是一个渐进的过程,同时也是一个因时因需不断调整的过程,只有保持一定的开放性和自由度,才能保持生机与活力。(5)无论是必修还是选修,课程难度一定要照顾到教学对象的知识和能力结构,课程内容务必简明扼要,重点突出,详略得当。与课程设置相配套,应针对专业特点编写出一套系统完备的系列新教材来组织开展教学活动。

　　教材是课程设置的具体体现，也是开展专业教育的基本依据，尤其是对远程教育来说，科学实用的教材是保证教学质量的关键。在教材编写上，过去我们曾做过不小的努力，也积累了许多有益的经验。但客观地看，过去所编教材虽多，真正体现现代远程教育特点、符合华文教育要求的教材并不多见。这当然与新的远程教育起步不久、人们在华文教育的理解上存在一定分歧有关。经过一段时间的积累与探索，目前我们对海外远程教育的特点已经有了较为深入的认识，对华文教育的理解也渐趋一致①，因此，编写新教材的条件已经基本成熟。其总体思路与要求应注意以下几点：(1)在编写方法上，应坚持从海外实际出发的编写原则；(2)在编写体例上，应设置序列教材，注意体现层次衔接的一体化课程体系；(3)在难度把握上，应照顾到海外华裔学生的知识和能力结构，力求简明扼要，方便自学；(4)在内容取舍上，应注意将基础知识和基本技能的训练同提高文化素养和实用性结合起来，多保留共性经验的知识；(5)在教学安排上，不仅有课本，而且还有作业练习及互动交流。总之，只要我们面向海外和新时代，抓住华文教育这个中心，确定好正确的编写思路，把可利用的优势资源整合起来，做到既内、外沟通，又教、学兼顾，既重理论，又重实用，相信所编教材一定能受到欢迎，取得成功。

---

　　①　既往的一些理解和看法可参见：李方.含有母语基因的非母语教学——海外华文教育管见[J].语言文字应用,1998(3):39-42.李嘉郁.对华文教育中文化问题的几点认识[J].海外华文教育,2002(1):72-78.贾益民.印尼华文教育的几个问题[J].暨南大学华文学院学报,2002(4):1-13.

第六章 国家软实力视野下的华侨华人文化传播

华侨华人文化传播与中国国家软实力构建之间有着密切的关系,不仅华侨华人是国家软实力构建可倚重的力量,华侨华人文化传播体系也是国家软实力构建的重要平台,在国家软实力构建中具有基础性意义。东南亚地区与中国有着悠久的交往历史,东南亚华侨华人人数众多,文化传播体系完备,其文化传播有着巨大的发展空间和广阔的发展前景。中华文化传播不仅是侨务工作的重要着力点,也是侨务工作的重要内容。21世纪以来,伴随着侨务工作许多重大举措的出台和大规模专门活动的开展,中华文化在侨务工作中的重要性得以进一步凸显,中华文化内容在更广的范围内得以传播,有力地配合了国家软实力的构建。我们应该进一步做好侨务文化传播工作,"为'传播中华文化、讲好中国故事'创建出更广阔的平台,为实现中华民族复兴梦想贡献应有的力量"①。

第一节 华侨华人文化传播与国家软实力

一、华侨华人文化传播与中国国家软实力之间的关系

(一)软实力及文化软实力

"软实力"这一概念最早由美国哈佛大学教授约瑟夫·奈于1990年

---

① 裘援平.振兴华文教育事业 助力中华民族复兴——《世界华文教育年鉴》序言[M]//贾益民.世界华文教育年鉴(2017).北京:社会科学文献出版社,2017:1.

提出①,此后他又在《美国定能领导世界吗》②《美国霸权的困惑:为什么美国不能独断专行》③《软力量:世界政坛成功之道》④等著作中对此详加论述,逐渐被人们所接受并成为考察一个国家综合实力的重要指标。在约瑟夫·奈看来,作为一个国家综合实力重要组成部分的软实力主要由本国文化、社会制度、生活方式和意识形态等价值观念层面体现,它是一种通过吸引别人而不是强制他们来达到你想要达到的目的的能力,文化、政治价值观和对外政策构成了"软实力"三个方面的资源因素。由此可见,对于一个国家来讲,文化在国家软实力构建中不仅不可或缺,而且至关重要。而文化软实力,具体地讲即指一个国家或地区基于文化而具有的凝聚力、生命力、创新力和传播力,以及由此而产生的感召力和影响力⑤。习近平总书记在中国共产党第十九次全国代表大会报告中指出,"加强中外人文交流,以我为主、兼收并蓄。推进国际传播能力建设,讲好中国故事,展现真实、立体、全面的中国,提高国家文化软实力"⑥。提高国家文化软实力,是一项综合系统的工程,它既需要国内文化建设,也离不开文化的对外传播,而从软实力的最终衡量指向上讲,文化的对外传播可能有着更为重要的意义。它不仅关乎文化的世界生命力,而且关乎文化的世界吸引力和影响力,是软实力最终得以实现的重要途径。

(二)华侨华人文化传播与中国国家软实力之间的关系

要推进文化对外传播和国家软实力构建,长期生活在海外、作为中华

① Joseph S. Nye, Jr. Soft Power [J]. Foreign Policy No. 80, Twentieth Anniversary, 1990:153-171.

② 约瑟夫·奈.美国定能领导世界吗[M].何小东,盖云玉,译.北京:军事译文出版社,1992.

③ 约瑟夫·奈.美国霸权的困惑:为什么美国不能独断专行[M].郑志国,等译.北京:世界知识出版社,2002.

④ 约瑟夫·奈.软力量:世界政坛成功之道[M].吴晓辉,钱程,译.北京:东方出版社,2005.

⑤ 中共中央宣传理论局.理论热点面对面:2008[M].北京:学习出版社、人民出版社,2008.

⑥ 习近平.决胜全面建成小康社会 夺取新时代中国特色社会主义伟大胜利——在中国共产党第十九次全国代表大会上的报告[R].北京:人民出版社,2017:44.

民族在海外自然延伸的华侨华人无疑应当引起我们格外的关注和重视。中国改革开放总设计师邓小平先生曾指出,几千万华侨华人是一支了不起的力量,是中国大发展的独特机遇。改革开放后中国经济之所以能持续快速增长并取得辉煌成就,这其中与华侨华人的推动有着密切关系。在中国"硬实力"构建方面是如此,在"软实力"构建方面也同样不能忽视华侨华人的作用。华侨华人向来被看作中华文化走向世界的生命之桥。如前所述,广布世界的华侨华人不仅一直在推动着中华文化在世界范围的传播,而且还培育出了载体丰富的文化传播体系。有学者在对世界范围内华语和中华文化传播做层次考察时,曾提出过"三大同心圈"①"三个战略区"②"五环构想"③等种种区分和设想,无论哪种区分和设想,海外华侨华人都居于其中,且是沟通中外的关键区和核心区。

基于此,华侨华人的文化传播与中国软实力构建之间有着至为密切的关系。具体来讲,这种关系可以从以下三个方面加以概括:

1.华侨华人是国家软实力构建可倚重的力量。

这是由华侨华人在中国软实力构建中的角色身份决定的,这种角色身份,具体地讲就是华侨华人既是中国国家软实力构建的天然推动者和同盟军,又是中国国家软实力构建的受惠者。

第一,华侨华人虽身在海外,但心系故土,这其中既是血缘亲情的使然,也有着在异域环境中生存和文化认同的需要。在中华民族的海外移民史上,"无论是为逃避迫害的被动性迁移,或是出于经济目的的自愿迁移,无论是长久性的移居他乡,或是季节性的往返流动,迁移者背负的往往是家庭乃至家族的振兴期待,他们的'家'始终扎根在那片生于斯、长于斯的土地上"④。中华五千年的灿烂文明是联系全世界华侨华人的纽带,也是华侨华人的精神寄托和归宿。因为只有母国的语言和文化才能增强

---

① 吴英成.全球华语的崛起与挑战[M]//郭熙.全球华语研究文献选编.北京:商务印书馆,2015:13.

② 李宇明.强国的语言与语言强国[N].光明日报,2004-07-28(B1).

③ 中国人民大学汉语国际推广研究所.汉语国际推广战略研究报告(讨论稿)[R].会议印刷稿,2008:181.

④ 李明欢.海外华人移民的现代篇[J].读书,2009(8):75.

"他们的民族自信心和民族自豪感"①，也"只有掌握自己的母语——华文，才能更直接有效地吸收民族文化，保持本身的文化，进而在多元文化社会中有立足之点，才能在丰富的多元文化社会中扮演重要的角色，为促进多元民族文化社会的发展做出贡献"②。第二，祖（籍）国的强大为华侨华人生存带来强大助力。长期以来，华侨华人居于异域，"立足不易、生存不易、发展不易"③，作为所在国的少数族裔，他们时受所在国政府民族歧视政策的排挤和压抑，备尝艰辛与困苦。在所在国争取应有的民族权利和地位，需要他们自身坚持不懈的努力，而自身民族、祖（籍）国的强大无疑也会为他们改善生存和发展状况带来助力。如以东南亚地区为例，一些国家在中国改革开放前，禁绝华文，甚者视华文如毒品，华族自身的民族教育权利不仅被剥夺，民族节日也被取缔。改革开放后，伴随着中国综合国力的增强和国际地位的提高，在世界"汉语热"普遍升温的同时，这些国家也纷纷放宽和调整华文教育政策，华文教育办学不仅逐步被默许，而且汉语还走进了其国民教育的课堂。由此可见，中国软实力的构建，必将为华侨华人的生存、发展带来新的机遇和条件，其社会地位和民族权益将得到进一步提高和保障。

"我们期盼成功，因为你们的卫星打多高，我们的头就能昂多高！"这位老华侨的感人心声正是华侨华人作为中国软实力构建天然推动者、同盟军和受惠者的生动写照。这一角色身份决定了他们在中国软实力构建中是一支完全可以倚重的力量。

2.华侨华人文化传播体系是国家软实力构建的重要平台，在国家软实力构建中具有基础性意义。

文化软实力是国家软实力的核心内容，而文化软实力的构建离不开文化的世界传播，在中华文化的世界传播中，华侨华人的文化传播正是中

---

① 孙浩良.澳大利亚华文教育的历史和现状[J].海外华文教育,2002(3):72.

② 王瑞国.论在多元文化社会中的马来西亚华文教育[J].海外华文教育,2003(2):5.

③ 一夜乡心五处同——温家宝与美国华文媒体和港澳媒体负责人座谈侧记[EB/OL].[2010-11-02].http://www.gov.cn/ldhd/2010-09/23/content_1708389.htm.

国文化软实力构建的重要组成部分,也是中国文化软实力构建的宝贵资源和独特优势。

华侨华人移居海外自 1840 年算起也已有一百多年的历史,在长期的历史积淀中,目前的海外华族社会已有 6000 多万人的规模,分布在世界近 200 个国家和地区。以华侨华人活动为基础,伴随着海外中华民族社会的形成发展,中华民族社团、华文传媒和华文教育也相继兴办,并以此为载体,形成了中华文化在海外独有的文化传播体系。这一体系扎根于所在国社会,既在族内传承着民族文化,又在族外传播着中华文化,并在这种传承、传播中与所在国文化交流交融,促进了华侨华人的当地化。只要走入海外华族社会,人们无不深切地感受到浓浓的中华文化氛围,从华侨华人的自身交往到中华民族社团的各项活动,从华文媒体的宣传报道到华文教育的招生办学,可以说这一体系已搭建起了中华文化走向世界的大舞台。这一舞台既是中华文化的展示台,也是中外文化的交流台,由于这种展示和交流建立于所在国社会,零距离的接触,长时间的磨合,故而也就使得这样的文化传播更具有亲和感和渗透力,从而也就增强了文化的感召力和影响力。这正是华侨华人文化传播的独特优势所在。这一平台的搭建及其所具有的独特优势说明,它不仅是中国软实力构建的宝贵资源,而且也有着重要的基础性意义。就作为中国国家软实力构建重要举措的汉语国际推广工作而言,在孔子学院/课堂的建设和发展中,所在地华侨华人的文化传播情况就是一个重要的影响因素。以土耳其地区为例,由于"这里华人华侨较少,汉语教学的基础还比较薄弱",自然它就"不同于美国、日本的孔子学院"①。再以华侨华人聚居较为集中的东南亚地区为例,其孔子学院和课堂建设之所以能取得"显著进展"并取得"成功经验"②,其中的原因也就不难理解。充分利用华侨华人搭建的中华文化传播平台,发挥其基础性作用,正是我们在推进国家软实力构建中需要

---

① 林兆枢:孔子学院是中华文化传播和传承的平台[EB/OL].[2010-11-02]. http://news.163.com/10/0527/14/67MQHHL3000146BD.html.

② 亚洲地区孔子学院 2010 年联席会议举办[EB/OL].[2010-10-02].http://www.hanban.edu.cn/article/2010-07/02/content_153938.htm.

加强的重要方面。

3. 国家软实力构建需要借鉴华侨华人的文化传播经验。

在文化的对外传播中,如何让异域文化背景者理解、接受并进而喜欢、推崇,这是通过文化传播提升文化软实力至关重要的课题,需要深入研究。在文化的交流传播上,我们一直提倡"各美其美,美人之美,美美与共,世界大同",但要实现"美美与共,世界大同"的崇高境界,在当下阶段,从国家软实力构建的角度出发,我们在"各美其美,美人之美"的同时,可能还要更多地做好以"人之美"美"我之美"的工作。这就牵扯到一个如何以"人之美"来观照"我之美"的问题,亦即中外思想观念、价值追求、思维方式等的交融互鉴问题。而在这方面华侨华人的文化传播无疑也为我们提供了成功的经验。美国《侨报》2009 年 2 月 10 日载文指出:中国希望启动"国家公关",首先必须研究华侨华人,包括华人传媒在内的成功经验,尤其是华人如何在西方主流社会生存、发展,如何影响主流舆论的成功经验。如果不解西方人思想意识、语言习惯,无法掌握并利用其游戏规则,再好听的声音也是对牛弹琴,再大的投入也会打水漂,夺回"话语主导权"只能是空话。[1]华侨华人文化传播的成功经验有许多,其中重要的一条就是将中华文化与所在国文化结合起来,很好地解决了中华文化的本土化问题。从传播学的理论上讲,人们对外来的文化和思想,总是从自己的"语境"或文化背景出发去解读它们。这些被解读的文本,由于读者的参与而被理解和解释,由此形成话语权力,生成新的意义或启示,故"本土"文化战略在国际传播方面有着无可替代的优势[2]。华侨华人在长期文化传播实践中积累起来的成功经验,正是我们目前在推进国家软实力构建中所需要认真解决的关键性问题。重视并充分借鉴华侨华人的经验,我们就能够不断改进传播方式,提高传播效果,从而真正在内涵上扩大中华文化的影响力。

---

① 中国"国家公关"华人力量可倚重[EB/OL].[2009-10-02].http://www.chinanews.com.cn/hb/news/2009/02-11/1558928.shtml.

② 濮端华.从"半岛"看战时国际传播[N].光明日报,2007-04-18(9).

二、东南亚华侨华人文化传播的优势及其对提升中国软实力的潜力和前景

(一)东南亚华侨华人文化传播的优势

当我们放眼全球的华侨华人文化传播,东南亚地区无疑有着极为明显的优势。这种优势既体现在这一地区与中国悠久的历史交往所打下的坚实基础上,也体现在其华侨华人人数之众以及由此所形成的文化传播体系的完备上。

东南亚是中国的南邻,与中国山水相连,自古以来就是中国通向世界的必经之地。自中国秦朝于公元前三世纪在当时的岭南设立象郡,与这一地区的越南建立官方关系以来,中国与东南亚的交往已有两千多年的历史。在这两千多年交往交流中,伴随着官方使节的互派,民间贸易的开展,中国人移居东南亚者也络绎不绝,历史悠久。可以说,中国文化在东南亚的政治、经济、科技、工艺、文学、艺术、宗教、习俗等各个领域都产生了广泛而深远的影响。① 这为东南亚华侨华人文化传播打下了坚实的历史基础。

就这一地区的华侨华人数量而言,作为世界华侨华人聚居最为集中的地区,过去人们习称当今世界华侨华人近五千万,其中至少70%生活在东南亚。据较为精确的估算,"迄 2007 年,东南亚华人华侨总数约3348.6 万。其中 20 世纪 80 年代以后进入东南亚的中国移民及其眷属至少在 250 万以上。东南亚华侨华人约占东南亚总人口的 6%,约占全球华侨华人的 73.5%。印尼、泰国和马来西亚三国是东南亚,也是世界华侨华人数量最多的国家,其华侨华人数量共达 2345 万人,超过世界华侨华人总数的一半"②。这是文化传播必不可少的人力资源基础。

就这一地区的文化传播体系而言,以颇具规模的华侨华人活动为依托,很早就孕育出了多样的文化传播载体,体系完整而配套。如华族社

---

① 杨保筠. 中国文化在东南亚[M]. 郑州:大象出版社,1997:24.
② 庄国土. 东南亚华侨华人数量的新估算[J]. 厦门大学学报(哲学社会科学版),2009(3):68.

团,早在 1673 年,这一地区的马六甲就诞生了具有鲜明中华传统文化色彩的社会性组织雏形——青云亭①。此后,东南亚地区的华侨华人社团一直是全球海外华人社团的主体,其总数远远高居于其余各大洲之上。据李明欢先生考证,1981 年仅东南亚新加坡、泰国、马来西亚、菲律宾四国相加,社团数量就已超过 8000 个,而其时据台湾当局的统计,全球社团总数也不过 8624 个②。东南亚的中华民族社团不仅类型多样,功能齐全,而且活跃于中华民族社会的政治、经济、文化、教育等各方面,在凝聚中华民族力量、传播中华文化方面发挥了重要作用。再如华文传媒,东南亚亦是世界华文传媒的发源地,自 1815 年世界上第一份近代华文期刊——《察世俗每月统记传》在马六甲创办以来,这一地区的华文传媒历史迄今已有近 200 年。在世界范围内,东南亚的华文传媒不仅数量最多,规模最大,而且从业人数也最多。许多华文报纸,如泰国的《世界日报》、马来西亚的《星洲日报》、新加坡的《联合早报》既在当地华人社会中有着重大影响,对当地主流社会也有相当大的影响力。③至于这一地区的华文教育,1690 年荷印巴达维亚(今雅加达)所开设的义学明诚书院,一向被看作海外华文旧式学校有文字记载的办学之始。而在 1901 年荷属东印度巴城(今雅加达)创办的中华会馆中华学堂也是世界华文教育由旧式学校向新式学校过渡的重要标志。这一地区的华文教育在其发展的辉煌时期,办学规模及人数可谓蔚为壮观,如在印尼,1957 年华文学校曾达到 1669 所,学生 45 万余人;在马来西亚,1961 年华文学校有 1406 所,学生 432772 人,教师 14098 人;在新加坡,1940 年共有华文学校 351 所,包括幼儿园、小学、中学、师范等各类教育;在泰国,1948 年注册的华文学校有 426 所,在校学生 6 万多人。即使时至今日,虽然这一地区的华文教育因各种原因确已今非昔比,但目前办学形式较为完备的华文学校仍有 1500 多所,占全球较为完备华文学校数的 1/4。其中,马来西亚不仅保留了华文小学 1280 多所(学生约 63 万人),华文独中 60 所(学生约 6 万人),而

---

① 李明欢.当代海外华人社团研究[M].厦门:厦门大学出版社,1995:27.
② 李明欢.当代海外华人社团研究[M].厦门:厦门大学出版社,1995:5-8.
③ 彭伟步.海外华文传媒概论[M].广州:暨南大学出版社,2007:29-30.

且还新创办了民办学院 3 所和华文大学 1 所①,其办学之正规、体系之完整堪称海外华文教育的典范。

以上这些充分说明,东南亚的华侨华人文化传播不仅有着悠久的历史积淀、雄厚的人力资源,而且其传播体系的完备与成熟,均非其他地区可比,具有自己明显的优势。

(二)东南亚华侨华人文化传播的潜力和前景

文化的交流与传播虽有其自身的机制与路径,但也离不开交流传播的大环境。在这一大环境中,国家关系、经济贸易以及所在国的文教政策是制约文化交流传播的重要因素,它们不仅影响着交流传播机制作用的发挥,而且也昭示着文化交流传播的潜力和前景。而从目前各方面的形势来看,东南亚的华侨华人文化传播有着巨大的发展空间和广阔的发展前景。

首先,良好的国家关系,为文化传播的开展提供了政治保障。在东南亚华侨华人史上,因受政治因素的影响而使华侨华人受到排挤、打压,华文传媒、华文教育濒于灭绝的例子并不鲜见,其时的文化传播也就无从谈起。而目前东南亚国家不仅国内民族政策普遍趋于文明和进步,与中国的国家关系也处于历史上最好的时期。自改革开放以来,中国一直奉行"与邻为善,以邻为伴"的富邻、睦邻、安邻外交政策,积极改善和发展与东南亚国家的友好关系,受到东南亚国家的普遍尊重和好评。双方间的政治互信日益增强,国家关系不断取得新发展。1991 年 7 月,东盟首次邀请中国外长出席其外长会议,自此双方建立起对话伙伴关系。1996 年中国与东盟关系上升为全面对话伙伴关系。1997 年 12 月,在共同对付亚洲金融危机的背景下,中国与东盟建立"面向 21 世纪的睦邻互信伙伴关系"。2003 年 10 月,中国国务院总理温家宝在印度尼西亚巴厘岛与东盟10 国领导人签署《中华人民共和国与东盟国家领导人联合宣言》,双方宣布建立面向和平与繁荣的战略伙伴关系,双边友好关系进入了一个更高的发展阶段。2017 年 11 月,中国国务院总理李克强在出席第 20 次中

---

① 于大勇. 大马人学习华语的热情[EB/OL]. [2012-08-02]. http://www.klchinese.com/html/dmhj/20120103143050.html.

国—东盟领导人会议时强调,坚持与东盟做安危与共、同舟共济的好邻居、好朋友、好伙伴,携手构建理念共通、繁荣共享、责任共担的命运共同体。以上这些无疑为华侨华人的生存、发展及文化传播创造了极为宽松、融洽的政治氛围和条件。

其次,日趋密切的经贸交往,为文化传播的开展注入了无限活力。中国与东南亚国家资源禀赋各具优势,产业结构各有特点,互补性强,合作潜力大。自 2002 年中国与东盟签署《中国—东盟全面经济合作框架协议》,启动自由贸易区建设以来,经过近 10 年的努力,2010 年 1 月 1 日,中国—东盟自由贸易区(CAFTA)如期全面建成并正式启动。自贸区建成后,东盟和中国的贸易占到世界贸易的 13%,成为一个涵盖 11 个国家、19 亿人口、GDP 达 6 万亿美元的巨大经济体,是目前世界人口最多的自贸区,也是发展中国家间最大的自贸区。继自贸区建成后,2010 年 4 月,中国宣布将于今后 3～5 年内向东盟国家提供 150 亿美元的信贷,并决定设立总规模 100 亿美元的"中国—东盟投资合作基金",这将更好地支持区域基础设施建设,并进一步带动双边经贸合作的快速增长。目前中国已成为东盟最大贸易伙伴,东盟是中国第三大贸易伙伴。密切的经贸交往既是无限的商机,也孕育着无限的文化传播之机,学好汉语、了解中华文化不仅是经贸交往的现实需要,而且也一定会促进经贸交往的更好开展。

最后,东南亚国家民族政策的调整改善,为文化传播的开展开启了新契机。东南亚国家大多是多元种族和多元民族国家,在近代历史上与中国一样曾深受殖民统治的压迫和剥削。迎来民族独立后,由于种种复杂的原因,大民族主义和单元文教政策一度成为这一地区民族、文教政策的主流。事实证明,这是不符合世界发展的潮流和趋势的。联合国教科文组织《世界文化报告 2000:文化的多样性、冲突与多元共存》[①]指出,人类文明的发展乃是一个从隔绝走向融合的过程,多民族和多元文化并存才是当今世界民族国家发展的主流。随着世界多极化的发展,经济全球化

---

① 联合国教科文组织. 世界文化报告 2000:文化的多样性、冲突与多元共存 [R]. 关世杰,等译. 北京:北京大学出版社,2002.

和区域一体化日益凸显,东南亚国家也开始认识到,国内政治要稳定必须以民族和谐为基础,经济要繁荣就不能忽视华文的实用价值,文化要发展也同样离不开华文这一国内多元文化中的重要一元。在世界大势和所在国国计民生的双重矫正下,许多东南亚国家遂开始对既有的民族政策做出调整和改善,华人经济在所在国国民经济中的地位开始得到重视,华人的政治、文化教育权利开始得到尊重,而近年来在东南亚地区普遍出现的"华文热"正是这种调整改善在语言文化教育上的具体体现。虽然这种调整和改善还是有限的,华侨华人的民族权益要想实现根本保障还有一段很长的路要走,但这毕竟是新的进步,而这一新进步无疑也为这一地区的中华文化传播开创了新契机。

以上这些积极因素说明,东南亚地区的华侨华人文化传播既蕴藏着巨大的潜力,也有着广阔的发展前景,只要我们充分把握时机,认真做好相关工作,就一定能够推动中华文化在这一地区的进一步传播,从而为中国国家软实力构建做出更大贡献。

第二节 国内侨务文化传播工作的开展及评价

中华文化是全体中华儿女共有的精神家园,也是联系全世界华侨华人的精神纽带。长期以来我国的侨务部门本着"以人为本,为侨服务"的宗旨,积极开展文化传播工作,中华文化传播不仅是侨务工作的重要着力点,也是侨务工作的重要内容。特别是 21 世纪以来,伴随着侨务工作许多重大举措的出台和大规模专门活动的开展,中华文化在侨务工作中的重要性得以进一步凸显,中华文化内容在更广的范围内得以传播,有力地配合了国家软实力的构建。下面就对侨务工作中中华文化的传播情况做一个总的述评。

一、侨务工作的重要举措与文化传播的开展

凝聚侨心、汇聚侨力是侨务工作的重要目的,而做好中华文化的传承、传播则是实现这一目的的重要依托,故此文化传承、传播一直渗透在

侨务工作的方方面面。21 世纪以来,我国侨务工作相继出台了许多重大举措,以此为抓手中华文化也在新的起点上向更高层次和更广范围传播。

(一)世界华人论坛

"世界华人论坛"是国务院侨办、中国海外交流协会会同相关政府部门于 2000 年创办的以海外华侨华人为主要对象的高端研讨活动。论坛每两年举办一届,每届都力求围绕着时局和侨胞关注的热点问题,选择一个突出的主题进行研讨交流。作为一个海外华侨华人工商企业、科技界杰出人士及国内相关部门高层交流合作的重要平台,它不仅起到了沟通信息、促进合作的作用,而且充分发挥了华侨华人的智力优势,为中国政府建言献策。至 2010 年,论坛已成功举办了 6 届(见表 6-1),共有工商、科技、金融界 1000 多位海外知名华侨华人代表出席,其高层次的海内外代表和高端的专业视角在海内外产生了广泛影响。

表 6-1　世界华人论坛情况表

届次	时间	地点	主题	规模
第一届	2000 年 9 月 20 至 21 日	青岛	21 世纪:中国经济、科技展望	20 多个国家、地区和国内共 500 多名代表参加
第二届	2002 年 9 月 3 至 4 日	北京	中国加入世界贸易组织后金融业的改革与发展	海内外 100 名金融界人士出席
第三届	2004 年 7 月 15 至 16 日	北京	建立中国—东盟自由贸易区:华商面临的挑战、机遇和对策	近百名来自十几个国家和地区的代表出席
第四届	2006 年 6 月 19 至 21 日	北京	实施"走出去"战略——海外华商企业与中国民营企业的合作与发展	29 个国家和地区的 200 余位代表与会

续表

届次	时间	地点	主题	规模
第五届	2008 年 10 月 28 至 29 日	北京	海外华侨华人高端人才与建设创新型国家	16 个国家和地区的近 200 位代表与会
第六届	2010 年 7 月 26 至 27 日	广州	创新中国,和谐发展	25 个国家和地区的近 350 位代表参加

就中华文化的传播而言,由于论坛的主题主要侧重于工商、科技、金融领域,较为专门,文化传播的特征虽不甚明显,但"亲情、合作、发展"的论坛宗旨,乃是以共有的中华文化为基础。

(二)世界华侨华人社团联谊大会

"世界华侨华人社团联谊大会"是国务院侨办和中国海外交流协会于 2001 年共同创办的以海外华侨华人主要社团负责人为主要对象的大型高端联谊活动。大会每两年举办一届,以增进友谊与团结、促进合作与发展为宗旨,搭建了全球侨团联谊交流的重要平台。联谊大会目前已成功举办了 8 届(见表 6-2),吸引了 130 多个国家和地区的近 4000 名代表参加,具有广泛的世界影响。

表 6-2　世界华侨华人社团联谊大会情况表

届次	时间	地点	主题/宗旨	规模
第一届	2001 年 6 月 20 至 22 日	北京	联谊、团结、发展	60 个国家和地区的 220 多位华侨华人社团负责人及国内涉侨部门代表 100 多人与会
第二届	2003 年 10 月 8 至 10 日	北京	增进联谊、加强团结、促进合作、共谋发展	100 个国家和地区的近 300 位华侨华人社团负责人及国内涉侨部门代表与会

续表

届次	时间	地点	主题/宗旨	规模
第三届	2005 年 5 月 18 至 24 日	北京 福建	增进共识、凝聚力量、反对台独、促进统一	80 多个国家的华侨华人社团代表以及中国内地、香港、澳门和台湾地区的代表共 450 余人出席
第四届	2007 年 6 月 19 至 22 日	北京	构建和谐侨社	世界各地的华侨华人社团负责人（含港澳台地区涉侨团体负责人等）共约 450 人参加
第五届	2010 年 5 月 7 至 8 日	北京	维护中国统一——新疆、西藏的历史与现状	近 120 个国家和地区有影响力和代表性的华侨华人社团负责人及国内相关部门负责人约 600 人与会
第六届	2012 年 4 月 8 至 14 日	北京	弘扬中华优秀文化·展示侨胞良好形象	110 个国家和地区的约 570 名华侨华人社团负责人参会
第七届	2014 年 6 月 5 至 8 日	北京	服务社区、和谐发展	119 个国家和地区有影响力和代表性的华侨华人社团及华人社区服务机构负责人 500 余人与会
第八届	2016 年 6 月 1 至 7 日	北京	中国梦侨胞梦——团结合作造福侨社	136 个国家和地区的 700 余名侨团负责人出席

华侨华人社团是海外华族社会的核心组织,也是中华文化传播的重要载体,中华文化传播需要社团推动,而社团建设也离不开中华文化,故此中华文化也是历届论坛的重要内容。在第一届联谊大会上,时任国务院侨办主任郭东坡指出:华侨华人社团的重要作用之一是致力华文教育,为弘扬中华文化不遗余力;博大精深的中华文化是中华民族五千年历史智慧的结晶,是中华民族对世界文明进步的杰出贡献,也是维系海内外中华儿女的精神纽带;开展华文教育,弘扬中华文化,是海外侨胞矢志不渝追求的理想;我们将一如既往与海外侨胞一道,为弘扬中华文化而共同努力。在第二届联谊大会上,时任国务委员唐家璇讲话指出:长期以来,华侨、华人社团在传承中华文化等方面,做出了积极的贡献;中国新一届政府将一如既往地秉承"为侨服务"的宗旨,支持海外侨胞传承和弘扬中华文化。时任国务院侨办主任陈玉杰谈道:中华民族五千年光辉灿烂的文化是维系海内外华夏儿女的重要纽带,开展华文教育是海外华人社会共同关注的热点话题;它对于绵延中华文化、保持民族精神、凝聚华人社会、增强华侨华人的生存竞争能力,具有重要的意义;长期以来,广大华侨华人以社团和华文教育组织为依托,克服种种艰难困苦,团结并集中各方面力量,组织开展各种华文教育活动,极大地促进了海外华文教育事业的发展;随着中国加入世界贸易组织,"汉语热"在全球范围内"升温",华文教育作为提升华侨华人生存发展竞争力的重要手段,越来越显示出强大的生命力;希望华侨华人社团和有识之士,继续发扬中华民族尊师重教的优良传统,更加重视华文教育,开展各种有利于弘扬民族传统和文化的活动;我们将积极支持华侨华人社团和华文教育组织开展华文教育,并与它们一道为弘扬中华文化而共同努力。时任国务院侨办副主任许又声在闭幕致辞时强调,弘扬中华文化、推进华文教育是维系华侨华人与祖(籍)国联系的重要纽带,是增强民族精神和凝聚华人社会的内在力量。在第三届联谊大会上,时任国务院侨办主任陈玉杰指出:"精忠报国之志"是海外"反独促统"运动蓬勃发展的共同文化基础;"国家兴亡,匹夫有责"是中华文化核心价值观的重要内涵……博大精深的中华文化,已深深融化在海内外中华儿女的血液中;她必将激励着我们为中国的和平统一、为中华民族的伟大复兴而奋斗不息;为更加深入扎实地推进海外"反独促统"运动,应当大力弘扬中华文化,增强海外侨胞特别是台湾省籍侨胞对中华文化、中华民族的认同感和归属感。第四届联谊大会召开期间,国家主席胡锦涛接见与会代表并发表重要讲话,他希望广大华侨华人在推动住在国发展和进步的同时,发扬中华民族的优良传统,做中华文明的积极传播者。时任国务委员唐家璇在开幕式致辞中强调,构建和谐华侨华人社会,对于侨胞在海外的长期生存和发展、弘扬中华民族的优良传统、推动和谐世界的建设,意义重大。时任国务院侨办主任李海峰指出:在开展民间外交、传播中华优秀文化、扩大中国人民与世界各国人民友好交往方面,侨务工作大有作为;今后将开展丰富多彩的文宣活动,努力弘扬中华优秀文化;构建一个和睦相融、合作共赢、团结友爱、充满活力的华侨华人社会,推动和谐世界的建设,应弘扬和谐文化,打牢构建和谐侨社的思想根基。在第五届联谊大会上,时任国务院侨办主任李海峰提出五条加强新疆、西藏侨务工作的措施,其中之一是支持境外维吾尔族、藏族等少数民族侨胞弘扬民族文化和中华优秀文化。第六届联谊大会的主题即"弘扬中华优秀文化·展示侨胞良好形象",此次大会旨在增进华侨华人对中华传统文化核心价值及我国文化大发展大繁荣战略的认识,进一步树立海外侨胞"守法诚信、举止文明、关爱社会、团结和谐"的良好形象,使其成为中华优秀文化的传承者和弘扬者,为助推中华文化走向世界、提升中国文化软实力贡献力量。时任国务委员戴秉国出席开幕式并致辞。时任国务院侨办主任李海峰在题为《弘扬中华文化、展示侨胞形象》的主题报告中,呼吁海外侨胞弘扬中华文化,展示侨胞形象,努力成为住在国"好公民""好居民"。第七届联谊大会召开时,国家主席习近平会见了与会代表,并发表重要讲话指出:团结统一的中华民族是海内外中华儿女共同的根,博大精深的中华文化是海内外中华儿女共同的魂,实现中华民族伟大复兴是海内外中华儿女共同的梦;中华文明有着 5000 多年的悠久历史,是中华民族自强不息、发展壮大的强大精神力量;我们的同胞无论生活在哪里,身上都有鲜明的中华文化烙印,中华文化是中华儿女共同的精神基因;希望大家继续弘扬中华文化,不仅自己要从中汲取精神力量,而且要积极推动中外文明交流互鉴,讲述好中国故事、传播好中国声音,促进中外民众相互了解和理解,为实现中国梦营造良好环境。国务委员杨洁篪出席大会开幕式并

致辞。国务院侨办主任裘援平在主题报告中指出,海外华侨华人只有传承以和谐理念为基石的中华文化,才能保持民族特性和文化优越性;只有构建和谐侨社,才能激发侨社生命力、创造力和凝聚力,赢得住在国社会的认可、尊重与接纳。在第八届联谊大会召开期间,国务院总理李克强会见了与会代表,表示中华民族是一个大家庭,长期以来,这个大家庭的成员不仅具有生生不息的家国情怀,而且拥有守住中华文化根基的强烈意识,他向与会代表提出三点希望:一是做中外友好合作的"金丝带",二是做中国创新发展的"参与者",三是做祖国和平统一的"连心桥"。国务院侨办主任裘援平在主题报告中,希望海外华侨华人们继续关注关心祖(籍)国和家乡的发展建设,积极弘扬中华文化、讲好中国故事,把一个真实的中国,一个坚定走和平发展道路的中国展现给世界各国人民。①

(三)世界华文传媒论坛

"世界华文传媒论坛"是国务院侨办下属中国新闻社会同地方政府于2001年发起创办的全球华文传媒高层峰会。作为一个非官方、开放性、国际性的华文媒体高层会议,它以"研讨、交流、联谊、发展"为宗旨,为世界各地的各类华文媒体探讨其自身在海外的生存发展,促进各海外华文媒体之间及它们与中国传媒界的联系沟通及协调合作,提升海外华文媒体的整体素质和水平,表达海外华文媒体的心声提供了一个重要平台。论坛每两年一届,至今已成功举办9届(见表6-3),共有近4000名代表与会,涉及世界五大洲60多个国家和地区,影响广泛。

表 6-3　世界华文传媒论坛情况表

届次	时间	地点	主题	规模
第一届	2001 年 9 月 16 至 18 日	南京	面对 21 世纪的海外华文媒体	"五大洲 30 个国家及地区的 130 多家、150 位华文媒体同仁参会"a

---

① 以上据会议资料及相关报道整理而成。

续表

届次	时间	地点	主题	规模
第二届	2003 年 9 月 22 至 24 日	长沙	沟通、合作、发展	"145 家华文媒体的 170 余位主事人,以及中国大陆近四十家主要新闻媒体的代表参加"[b]
第三届	2005 年 9 月 11 至 12 日	武汉	全球"中国热"中的海外华文媒体	"45 个国家和地区的 200 余家华文媒体代表参会"[c]
第四届	2007 年 9 月 2 至 4 日	成都	华文媒体与和谐世界	"47 个国家和地区的近 300 家华文媒体、400 名华文传媒人士,以及人民日报、新华社、搜狐、新浪等国内媒体的代表、知名学者、中央和地方有关部门官员等共 600 余人出席"[d]
第五届	2009 年 9 月 19 至 21 日	上海	全球金融危机下的华文媒体;海外华文媒体与上海世博	"46 个国家和地区的约 350 家媒体代表及中国国内 150 多位嘉宾参会"[e]
第六届	2011 年 9 月 17 至 19 日	重庆	国际话语体系中的海外华文传媒	"近 50 个国家和地区的 600 余位华文媒体老总、中国国内媒体负责人、传媒专家参加"[f]
第七届	2013 年 9 月 7 至 9 日	青岛	"中国梦"——世界变局与华文媒体的新使命	"58 个国家和地区的约 450 名海外华文媒体代表以及中国内地媒体负责人、传媒专家等 600 余位嘉宾参加"[g]

续表

届次	时间	地点	主题	规模
第八届	2015 年 8 月 22 至 23 日	贵阳	海外华文媒体 200 年——薪火传承与时代担当	"五大洲 60 多个国家和地区的 400 余位海外华文媒体代表,以及中国内地媒体负责人、传媒专家出席"h
第九届	2017 年 9 月 10 至 12 日	福州	"一带一路"与华文媒体新发展	"五大洲 60 余个国家和地区的 460 多位海外华文媒体高层人士、中国中央主要新闻机构及部分地方媒体负责人等近 700 位嘉宾参会"i

a 海外华文传媒的定位与角色[EB/OL].[2002-05-04].http://www.china.com.cn/chinese/2001/Sep/59445.htm.

b 第二届世界华文传媒论坛闭幕[EB/OL].[2003-11-04].http://www.chinanews.com/2003-09-23/136/274.html.

c 第三届世界华文传媒论坛闭幕[EB/OL].[2005-10-14].http://www.chinanews.com/news/2005/2005-09-12/8/624800.shtml.

d 第四届世界华文传媒论坛在四川成都隆重开幕[EB/OL].[2007-10-11].http://www.chinanews.com/hr/zgqj/news/2007/09-02/1016431.shtml.

e 第五届世界华文传媒论坛在中国上海开幕[EB/OL].[2009-11-11].http://www.chinanews.com/gn/news/2009/09-19/1875252.shtml.

f 第六届世界华文传媒论坛在重庆正式开[EB/OL].[2011-10-19].http://www.chinanews.com/hr/2011/09-17/3334408.shtml.

g 第七届世界华文传媒论坛闭幕[EB/OL].[2013-12-11].http://www.chinanews.com/zgqj/2013/09-08/5258874.shtml.

h 第八届世界华文传媒论坛闭幕 达成"三共识"[EB/OL].[2015-09-08].http://www.chinanews.com/hr/2015/08-23/7483894.shtml.

i 第九届世界华文传媒论坛闭幕[EB/OL].[2017-12-01].http://www.chinanews.com/hr/2017/09-11/8328188.shtml.

　　海外华文传媒历来肩负着传播中华文化的重大责任,是中华文化走向世界的重要载体之一,故中华文化的传承、传播也是历届世界华文传媒论坛必不可少的重要内容。第一届论坛:时任国务院侨办副主任兼中国新闻社社长刘泽彭在致辞时指出:华文媒体既是中华文化的一个重要组成部分,又是中华文化的载体;华文传媒的生存与发展,不仅关系到海外华夏子孙的生存与发展,也关系到中华民族与中华文化的发展与繁荣;全球华文媒体同业将勉力前行,办好各类华文媒体,使之成为华侨华人维系中华文化的精神纽带和认知中国与世界的重要桥梁。第二届论坛:时任国务委员唐家璇在接见与会代表时指出:中国人遍布世界各地,华侨华人不论在哪里定居,也不论经历了几代,都忘不了自己的根,始终挚爱着中华文化,这是中华民族的美德和优秀民族特性;多年来,众多的海外华文媒体在传承中华文明、推动中外文化交流和友好合作关系发展等方面发挥了重要作用,并已成为紧密维系华侨华人与祖(籍)国的桥梁和纽带。时任国务院侨办主任陈玉杰在开幕式致辞中指出:近两百年来,海外华文传媒从无到有,从少到多,从弱到强,不仅为华侨华人社区提供资讯服务,而且成了海外华人生活中不可或缺的精神食粮。第三届论坛:时任国务院侨办主任陈玉杰在开幕式致辞中指出,长期以来,分布在世界各地的数千万海外侨胞一直致力于传承中华文化,是中华文明与世界文明沟通与交流的重要桥梁和纽带;满足海外侨胞学习华文、传承中华文明的愿望,是我们义不容辞的责任。此次论坛发表的《武汉宣言》提到:我们拥有同一种语言,同一种文字,有着共同的理念和追求;我们一定要传承中华文明,传播中华文化;我们相信,维系全球华人的,不只是地缘、不只是血缘,最重要的是文化;我们愿通过华文媒体共同构筑维系全球华侨华人的纽带。第四届论坛:时任全国人大常委会副委员长许嘉璐在开幕式上讲话指出:随着中文、中医越来越受到西方国家的重视,中华文化也正逐渐渗入到全世界,这给华文传媒提供了更广阔的发展空间;华文媒体从业人员应该加强对中华文化的学习,努力提高整体素质,特别是中华文化修养,把握机遇,促进华文传媒的健康发展。时任国务院侨办主任李海峰在开幕式致辞中指出:生活在世界五大洲的几千万海外同胞是中华文化的传播者和中国形象的展示者;分布在华侨华人聚居国家的众多华文媒体在弘扬中华优秀文化等方面做出了突出成绩;在构建和谐世界、和谐侨社的新的历史条件下,希望海外华文传媒在华侨华人社会中积极倡导"以和为贵"的处世哲学,"和而不同"的文化理念,"和衷共济"的公德思想,"和气生财"的商业道德,"协和万邦"的政治理念。时任中国新闻社社长郭招金在主题演讲中谈到,海外华文媒体是当地多元文化的重要组成部分,也是中华文明的重要组成部分,对传播中华文明负有光荣的使命,使之成为中国人民联系世界各国人民的重要桥梁……中华文化具有强大的创新能力,可以为当前的经济建设、社会发展提供强大的智力支持,为构建和谐社会提供坚实的理论基石。此次论坛通过的《成都宣言》提到:华文传媒是华侨华人精神与心灵的家园,要善用传播教化功能,在华人社会中倡导"和而不同"的文化观念、"和衷共济"的公德思想、"和气生财"的商业道德、"协和万邦"的政治理念。第五届论坛:时任国务院侨办副主任赵阳在致辞时谈到,海外华文媒体担负着传承中华文化、交流中西文明的重任;随着中国国际地位的逐步提升,有着数千年积淀的中华文化也将对当今世界乃至未来产生日益深远的影响,必将对人类文明做出应有的贡献;海外华文媒体作为中华文化的传播者,有责任、有使命为中华文化与世界文化搭建对话、交流、融合的平台,为各族裔的文化融合,为所在国的文化发展,为世界的和谐而携手努力。第六届论坛:时任国务院侨办主任李海峰在开幕式致辞中指出,分布在世界各地,数以百千计的海外华文传媒为传播中华文明发挥了不可替代的桥梁和纽带作用。此次论坛通过的宣言提出要全力推动全球华文传媒做大做强,促进中华文化在世界各地的传播,为世界多元文化和谐发展、为人类文明进步发展做出新的更大的贡献。第七届论坛:全国人大常委会副委员长陈竺出席开幕式并致辞,期待海内外华文媒体助力同圆共享"中国梦",建立融通中外的华文媒体话语体系,增强中华文化的话语权和影响力。国务院侨办主任裘援平在开幕式致辞中指出,希望海外华文媒体客观报道中国,积极传递"中国好声音"。第八届论坛:时任中共中央政治局常委、中央书记处书记刘云山在贺信中说,作为海外华人华侨创办的华文媒体,自诞生之日起就与中华民族的历史命运唇齿相依,与中国人民的自强不息紧密相连,为推动华侨华人社会发展,为传承中华文化、促进中外交流做出了重要贡献。国务院侨办主任裘援平在主题讲话中指出：希望海外华文媒体做中华文化的传承者；中华文化是海内外中华儿女共同的精神依托和感情纽带，是世界文化百花园中的一朵奇葩，也是海外华文媒体生存发展的基础和根本；传播以文化为灵魂，文化因传播而存在，没有文化滋养的媒体终将消亡；海外华文媒体传承中华文化的基本功能与生俱来，也要与时俱进、不断创新；海外华文媒体本身就是所在国多元文化中族裔文化的体现，优势和特色都在本民族文化；要以传播中华语言文化为己任，发挥融通中外的优势，不仅把文化养料和中国声音传递给各国华人社会，担负起传承民族文化、维系民族情感的重要使命，也为各国民众打开中华文化之窗，在海外华人社会、所在国及中国之间架起文化交流的桥梁，成为中华文化走向世界的重要载体和中介力量。第九届论坛：中国国务院新闻办公室副主任郭卫民在开幕式致辞中，希望海外华文媒体坚定文化自信，顺势而为，借势传播，生动解读中华文化之内涵，传承发扬中华文化之精髓，讲述好中外文化交流历史鲜活的事例，让世界更好地感知中华文化的魅力和中国的发展活力，为促进各国民心相通、推动文明交流互鉴发挥桥梁和纽带作用。中国新闻社社长章新新在主旨报告中呼吁华文媒体抓住"一带一路"机遇，筑牢中华文化根基。此次论坛发表的《福州宣言》提到，华文媒体必将坚守传播中华语言文化的责任，持续传播中华文化，担负起传承民族文化、维系民族情感的重要使命，为各国民众打开中华文化之窗，在海外华人社会、所在国及中国之间，架起文化交流的桥梁，成为中华文化走向世界的载体。①

（四）"文化中国·四海同春"

为满足海外侨胞对中华文化的需求，推动中华文化走向世界，增强国家文化软实力，多年以来，国务院侨办和中国海外交流协会坚持在中国传统节日组派高水平文艺团组赴海外慰侨演出，受到海外侨胞的热烈欢迎。据不完全统计，自1984年至2009年，国务院侨办和中国海外交流协会已向海外派出各类文艺演出团组百余个，去访了近60个国家和地区，观众

---

① 以上据会议资料及相关报道整理而成。

人数累计一百余万①。

春节是中华民族的传统佳节,为给海外侨胞增添喜庆的节日气氛,表达祖(籍)国人民的美好祝愿和慰问,国务院侨办和中国海外交流协会从2009年春节起,在华侨华人主要聚居国家和地区开始举办以慰侨访演为主要形式的"文化中国·四海同春"春节文化系列活动。该活动迄2015年已累计有52个艺术团组,累计去访全球六大洲109个国家及港澳地区223个城市,演出320场,观众累计达400余万人次,电视观众过亿②。

无论是1984年以来赴海外的慰侨文艺演出,还是2009年以来以春节为契机和平台的系列演出、文化活动,其目的即满足海外侨胞对中华文化的需求,推动中华文化走向世界,增强国家文化软实力,故其文化传播的特征和效果至为显著。

二、以华文教育为平台的文化传播的开展

作为中华民族在海外的"留根工程""希望工程""民生工程",华文教育是侨务工作的重要组成部分。由于华文教育自身即负载着传承、传播中华文化的重要使命,也是文化传播的专门、智能化载体,故做好华文教育工作本身就是在推动着文化传播的开展。进入21世纪后,在许多重大举措的推动下,以华文教育为平台的文化传播也获得了新发展。

(一)成立国家海外华文教育工作联席会议和中国华文教育基金会

2004年3月,中国国家主席胡锦涛在参加全国政协会议时曾指出:中华民族之所以几千年始终不衰,其中文化的凝聚力是很重要的因素;无论是从优秀传统文化的传承角度考虑,还是从对骨肉同胞的亲情考虑,都应对海外侨胞开展华文教育给予帮助和支持;要加大政府的投入,动员各方面的力量来支持这件事情。

2004年4月,由国务院侨办牵头,其他14个中央部委(单位)组成的

---

① 文化中国·四海同春[EB/OL].[2010-06-01].http://www.hwjyw.com/dictionary/terms/200902/t20090204_26574.shtml.

② "文化中国·四海同春"活动简介[EB/OL].[2016-06-01].http://www.chinaqw.com/kong/2015/12-31/75633.shtml.

"国家海外华文教育工作联席会议"在北京成立。"联席会议"的成立,加强了各相关单位间的联系与协作和对海外华文教育工作的领导。

2004年9月,由国务院侨办主管,包括17个理事单位的"中国华文教育基金会"正式挂牌,其宗旨是弘扬中华文化,发展华文教育事业,促进中外文化交流。基金会实施以品牌项目带动募捐的运作模式,募集资金服务海外华文教育。

2014年4月,全国政协主席俞正声专门主持召开以"努力破解海外华文教育发展瓶颈"为主题的政协"双周协商座谈会",邀请政协委员和有关专家研讨华文教育问题。[1]

(二)多种途径解决海外师资问题

师资短缺是海外华文教育面临的首要瓶颈问题。为此,在国务院侨办领导组织下通过多种途径帮助解决:其一,外派教师和志愿者。外派教师和志愿者赴海外华文学校任教是解决海外华文教育教师短缺的有效举措。该项工作开始于20世纪80年代,至今已开展30多年,并且力度不断加大。就外派教师规模而言,2010年起每年400人,后来增至每年800人,2017年时达到每年1200人。同时不断提高外派教师待遇。其二,"请进来""走出去"培训海外华文教师。鉴于现有海外华文学校师资专业水平普遍较低的现状,国务院侨办在向海外师资"输血"的同时,也注重海外师资自身"造血"功能的提升,采取"走出去"就地培训和"请进来"来华培训两种方式,大力开展海外师资培训。培训内容以教学为主,也兼及管理。仅2010—2011年,培训各类海外华文教师就达2万人次[2]。今后培训规模将进一步扩大,未来三年,国侨办计划在国内通过举办"华文教师证书"培训班和常规性的专题培训班,培训海外华文教师1万人次;组派150个"名师巡讲团"赴海外巡回培训,就地培训华文教师3至4万人次;

---

① 裘援平.振兴华文教育事业 助力中华民族复兴——《世界华文教育年鉴》序言[M]//贾益民.世界华文教育年鉴(2017).北京:社会科学文献出版社,2017:2.

② 综述:海外华文教育"造血"与"输血"双轨并行[EB/OL].[2012-02-01].http://news.cntv.cn/20111101/111638.shtml.

计划选派 3000 名优秀教师赴华文学校开展示范教学、教学督导和师资培训。[①] 同时，还将开展在职华文教师汉语言或对外汉语专业的函授学历教育，进一步提高其专业层次。为保障师资培训的长效性和科学性，建立健全相关标准体系及机制，国务院侨办已启动海外华文教师教育教学水平测评系统的开发及教学能力的认证工作，把华文教师培训与能力测试、认证结合起来，建立培训、考核、认证"三位一体"的华文教师培训机制。其三，注重海外后备骨干师资培养。在海外华文师资队伍建设上，着眼长远，培养年轻后备人才是解决华文学校师资问题的根本途径。为此今后国务院侨办将通过提供奖（助）学金招收海外优秀华裔学生来华就读华文教育专业本科、硕士研究生，为海外华文学校培养一批骨干力量。

（三）编写、赠送教材及其他图书资料

教材和图书资料的缺乏是海外华文教育面临的另一大瓶颈问题。为此国务院侨办组织有关力量及时编写了针对华裔青少年特点的华语学习教材。这些教材不仅照顾到从幼儿园到中小学的学习层次，而且在语言教材之外专门编写了文化教材，同时充分利用现代信息技术，纸质教材与多媒体教材相辅而行。如国务院侨办委托暨南大学华文学院编写的《中文》《汉语》《幼儿汉语》，在海外就广为使用并受到好评。《中文》主要供欧美华文学校 1～12 年级使用，全套教材共 48 本，其中课本 12 册，每册课本都配有教师教学参考书和学生家庭练习册（教学参考书 12 册，家庭练习册 24 册）。《汉语》则是适用亚洲华文学校的教材，共 50 册。《幼儿汉语》是《中文》《汉语》系列教材的学前部分，课本共 4 册，教学目的是通过系统的学习和训练，使少儿具有最基本的汉语听说能力，能正确书写汉字的基本笔画，为接受小学阶段的中文教育打下良好基础。再如国务院侨办组织有关院校编写的《中国文化常识》《中国历史常识》《中国地理常识》（简称"三常"），是一套专门供海外华裔青少年了解中国文化、历史、地理常识的华文教学辅助读物，也是有着广泛影响和代表性的文化教材。此教材后经改编，并在中英文对照版基础上，又增加中文与德、法、日、韩、

---

① 国侨办表彰 1599 名海外优秀华文教师[EB/OL].［2018-02-01］. http://www.gov.cn/xinwen/2017-12/19/content_5248628.htm.

俄、泰、西班牙、阿拉伯语对照版本,在汉语国际推广中也发挥了重要作用。海外各国国情不同,地区差异较大,为满足不同国家和地区对华文教材的个性化需求,今后国务院侨办将大力开发本土化教材,同时,大力研发针对性和趣味性强的课外读物和教辅材料,提高海外华裔青少年的学习兴趣,增强学习效果。除了组织编写海外华文学校学生教材外,国务院侨办还组织力量先后完成了华裔青少年"中国寻根之旅"夏(冬)令营系列教材和华文教师培训教材的编写出版工作,海外华文教育主干教材体系建设基本完成①。今后将建立通用型华文教材和本土化教材相互补充、相得益彰的华文教育教材体系②。

为帮助海外华文学校解决图书资料短缺的问题,从 2001 年起,国务院侨办每年向多个国家和地区的华文学校或华文教育组织赠送中文小型图书馆"华星书屋"。截至 2014 年年底,已设立了 340 个"华星书屋",而到 2017 年将再建 200 个③。2001 年以来每年向海外华文学校寄赠的华文教材和各类华文读物已超过 150 万册④,而目前每年向海外提供的各类华文教材已达 400 万册,基本做到了有求必应,足量供应⑤。

(四)组织华裔青少年活动

1.海外华裔及港澳台地区青少年"中国寻根之旅"夏(冬)令营

为增进海外华裔青少年对中国的了解,增加港澳台青少年对中国的感情,提高他们学习汉语和中华文化的兴趣,国务院侨办和中国海外交流协会自 1999 年以来推出大型综合性体验活动——海外华裔及港澳台地区青少年"中国寻根之旅"夏(冬)令营。目前该活动年度参与人数已达数

---

① 第二届世界华文教育大会.会议简报[R].2011-10-30(3).

② 裘援平.振兴华文教育事业 助力中华民族复兴——《世界华文教育年鉴》序言[M]//贾益民.世界华文教育年鉴(2017).北京:社会科学文献出版社,2017:3.

③ 裘援平.振兴华文教育事业 助力中华民族复兴——《世界华文教育年鉴》序言[M]//贾益民.世界华文教育年鉴(2017).北京:社会科学文献出版社,2017:3.

④ 国侨办每年向海外华文学校寄赠教材 150 万册[EB/OL].[2008-02-01].http://www.chinanews.com/hr/hwjy/news/2006/08-15/773986.shtml.

⑤ 裘援平.振兴华文教育事业 助力中华民族复兴——《世界华文教育年鉴》序言[M]//贾益民.世界华文教育年鉴(2017).北京:社会科学文献出版社,2017:3.

千人,如 2010 年海外华裔及港澳台地区青少年"中国寻根之旅"夏令营,共有来自世界 51 个国家和港澳台地区的 6000 余名华裔青少年参加[①];2013 年海外华裔及港澳台地区青少年"中国寻根之旅"夏令营,共有来自世界 55 个国家和港澳台地区的 4000 名青少年参加[②]。

与"中国寻根之旅"相配套的,还有不同主题的夏(冬)令营,如"海外优秀华裔青少年夏令营""外国人领养中国儿童夏令营""中国民族舞蹈及中华武术夏令营""汉语言文化夏(冬)令营"以及与地方省市侨办合作举办的具有浓郁地方特色的夏(冬)令营等。上述活动深受华裔青少年的欢迎,已成为海外华文教育的知名品牌。

2."华人少年作文比赛"

为促进世界华人少年热爱中华民族语言文字、提高世界华人少年使用民族语言文字的能力,让中华民族的悠久文化在华人少年中得以继承和弘扬,国务院侨办与教育部、国务院港澳办、国家关心下一代工作委员会等部门自 20 世纪 90 年代始合作举办面向世界华人少年的"华人少年作文比赛"。目前该项比赛已成功举办 17 届,已成为深受世界华人少年喜爱的传统品牌赛事。2015 年举办的第十六届比赛,共有 42 个国家的华文学校参加,共收到国内外来稿 25 万多份,其中海外来稿 1 万多份[③];2016 年举办的第十七届比赛,共收到来自 42 个国家和地区的海外来稿 1.2 万余份,有 300 多所海外华文学校组织学生参赛[④]。2008 年以来的比赛情况参见表 6-4:

---

① 2010 年海外华裔及港澳台地区青少年"中国寻根之旅"夏令营开营 习近平出席并讲话[EB/OL]. [2010-12-01]. http://politics. people. com. cn/GB/12243196. html.

② "中国寻根之旅"夏令营开营 杨洁篪出席并讲话[EB/OL]. [2013-12-02]. http://www. gov. cn/ldhd/2013-08/03/content_2460632. htm.

③ 全球华人少年作文比赛 第十七届启动仪式在京举行[EB/OL]. [2016-09-02]. http://edu. qq. com/a/20160228/022239. htm.

④ 刘菲. 第十七届华人少年作文比赛结束[N]. 人民日报(海外版),2017-03-17(9).

表 6-4　2008 年以来"华人少年作文比赛"情况表

届次	时间	规模	比赛题目
第九届	2008 年	来稿 8.5 万份,包括 32 个国家的华文学校和 15 所孔子学院的学生及香港、澳门地区的中小学生	1. 我和中文 2. 校园趣事 3. 家庭趣事
第十届	2009 年	来稿 10 万余份,其中国外来稿 8000 余份,来自 32 个国家的华文学校及香港、澳门地区的中小学生	1. 祖国,让我亲亲您 2. 我的……
第十一届	2010 年	共收到国内外来稿 12 万余份	1. 名字的故事 2. 爱去的地方 3. 假如我有 72 变
第十二届	2011 年	22 个国家 100 多所华文学校的近 5000 份参赛作文,港澳台地区 40 余所学校的 2200 多份参赛作文	1. 家庭/校园趣事 2. 写给外星人的一封信
第十三届	2012 年	25 个国家的华文学校参加,共收到国内外来稿 14.2 万份,其中国外来稿 5235 份,港澳台来稿 2451 份	1. 爱在身边 2. 我喜爱的一本书
第十四届	2013 年	26 个国家的 230 所华文学校参赛,台湾、香港、澳门地区有 50 余所学校参赛,来稿共计 12.2 万余份	1. 我的家乡 2. 我的家庭
第十五届	2014 年	32 个国家的华文学校参加,共收到国内外来稿 20.7 万份	1. 我的小秘密 2. 我的老师
第十六届	2015 年	42 个国家的华文学校参加,共收到国内外来稿 25 万多份,其中海外来稿 1 万多份	1. 第一次…… 2. 难忘的一件事/一个人
第十七届	2016 年	共收到来自 42 个国家和地区的海外来稿 1.2 万余份,有 300 多所海外华文学校组织学生参赛	1. 我的家庭 2. 家乡的×××

3."海外华裔青少年中华文化知识竞赛"(海外华裔青少年中华文化大赛)

为增进海外华裔青少年对中国的了解,提高海外华裔青少年学习汉语和中华文化的兴趣,国务院侨办和中国海外交流协会于 2005 年下半年起推出大型综合性竞赛活动——"海外华裔青少年中华文化知识竞赛"。竞赛以《中国地理常识》《中国历史常识》《中国文化常识》为基础,编制竞赛题库,定期举办,广受欢迎,是在海外华裔青少年中推广中华文化的创新举措。2012年,为进一步激发海外华裔青少年学习汉语和中华文化的兴趣,满足海外华文学校师生需求,在总结以往三届知识竞赛经验的基础上,"海外华裔青少年中华文化知识竞赛"更名为"海外华裔青少年中华文化大赛",每年举办一届。该赛事目前已成功举办了6届,已成为影响广泛的华文教育品牌,2012年首届"海外华裔青少年中华文化大赛"举办时即吸引了20个国家35000余名海外华裔青少年参加①。

4."中华文化大乐园"

为进一步满足海外华裔青少年学习中华文化的迫切需求,在国务院侨办的关心和支持下,华侨大学于2006年启动"中华文化大乐园"项目,旨在充分利用东南亚国家的寒、暑假期,"走出去"举办夏令营,以"寓教于乐"的教学形式和"因材施教"的教学方法,为当地华裔青少年提供学习中华文化知识、增进他们了解祖(籍)国的机会②。2011年,国务院侨办、中国海外交流协会正式推出该项目。该项目根据海外华裔青少年的特点和需要,组派国内优秀教师和有特色的艺术团组赴海外举办中华文化大乐园活动,通过开设汉语知识、中华武术、民族音乐、民族舞蹈、中国书法、绘画等课程及组织文艺表演,将中华文化知识和才艺送到海外华裔青少年的校门口、家门口,受到热烈欢迎和广泛好评,已成为增进海外华裔青少年了解中华文化的又一品牌。

(五)在国内建立华文教育基地和中华才艺培训基地

为调动社会各方面资源和地方优势,共同做好华文教育工作,国务院侨办从2000年开始,先后在国内省市遴选了一批办学实力雄厚、各方面条件比较适合的院校,作为开展海外华文教育工作的基地。截至2017年6月,已设有49个基地,分布在全国26个省(直辖市、自治区)(参见附录1"部分国内华文教育基地院校列表")。这些基地充分利用自身院校的区位优势,开展海外华文教育教材建设、开发工作,培训海外华文教师,接待

---

① 超三万人参加首届海外华裔青少年中华文化大赛[EB/OL]. [2012-09-30]. http://www.chinanews.com/zgqj/2012/08-02/4076924.shtml.

② "中华文化大乐园"项目座谈会在华侨大学举行[EB/OL]. [2012-09-02]. http://www.chinanews.com/hwjy/2012/03-31/3789600.shtml.

海外华裔青少年夏令营团队,选派教师赴国外任教,开展海外华文教育理论研究等,已成为华文教育工作的有力依托和支撑。

为弘扬中华文化、提高海外侨胞中华才艺水平,国务院侨办于 2010 年起在国内设立中华才艺培训基地。2010 年 7 月 1 日,国内第一家专门培训海外华侨华人龙舟竞渡选手的中华才艺(龙舟)培训基地在华侨大学厦门校区揭牌①。此后又陆续设立音乐·舞蹈(2013 年 5 月,华侨大学)、武术·龙狮(2013 年 7 月,暨南大学)、功夫·龙狮(2013 年 7 月,广东禅武中心)、书画(2014 年 7 月,暨南大学)等中华才艺培训基地。基地在培养海外侨社中华才艺人才、丰富华侨华人文化生活、传播弘扬中华才艺文化等方面发挥了重要作用。

(六)组织国际华文教育研讨会

为推进华文教育理论研究,促进海内外华文教育工作者的交流,国务院侨办、中国海外交流协会自 1990 年始至 2007 年连续举办了五届国际华文教育研讨会,共有世界 40 多个国家的近千名代表与会。首届研讨会会议名称为"华文教学工作研讨会",于 1990 年在北京召开;第二届名称为"海外华文教育交流会",于 1994 年在广州举行;其他三届国际华文教育研讨会情况见表 6-5:

表 6-5　国际华文教育研讨会情况表

届次	时间	地点	主题	规模
第三届	1999 年 8 月 2 至 4 日	上海	/	32 个国家和地区的 230 余名华文教育界代表参加
第四届	2004 年 12 月 12 至 17 日	广州	开拓华文教育新思路,共谋华文教育大发展	32 个国家的 300 多位代表参加,其中海外代表 200 多位
第五届	2007 年 11 月 3 至 9 日	青岛	大力拓展华文教育,促进华人社会和谐发展	40 多个国家的 450 名代表参加

---

①　中国首个中华才艺(龙舟)培训基地落户华侨大学[EB/OL].[2010-09-30].
http://news.163.com/10/0702/17/6AJSP2QB000146BD.html.

国际华文教育研讨会对于凝聚海内外科研教学工作者的智慧和力量、开拓华文教育新思路、推动海外华文教育发展起到了重要作用,也为此后组织世界华文教育大会打下了基础。

(七)举办"世界华文教育大会"

为凝聚各方力量,推动海外华文教育的大发展,国务院侨办和中国海外交流协会于 2009 年发起并与地方政府共同举办世界华文教育峰会——"世界华文教育大会"。大会每两年一届,目前已召开了四届(见表6-6):

表6-6 世界华文教育大会情况表

届次	时间	地点	主题	规模
第一届	2009 年 10 月 19 至 23 日	成都	抓住机遇,凝聚力量,推动海外华文教育大发展	37 个国家的 400 余位海内外华文教育工作者参加
第二届	2011 年 10 月 30 日至 11 月 3 日	西安	抓住机遇,推动海外华文教育大发展	37 个国家和地区的近 600 名各界代表出席
第三届	2014 年 12 月 7 至 8 日	北京	发展华文教育,振兴华文学校	50 个国家和地区的 500 余位华文教育界代表参会
第四届	2017 年 12 月 19 至 20 日	北京	深化华文教育"三化建设",大力弘扬中华优秀文化	55 个国家和地区的近 600 位华文教育界代表参会

在第一届大会上,时任国务院侨办主任李海峰致辞,肯定了广大海外华文教育工作者为优秀中华文化在海外的继承与传播所做出的努力,并指出当前是发展海外华文教育难得的机遇期。时任国务院侨办副主任赵阳在《抓住机遇,凝聚力量,推动海外华文教育大发展》的主题报告中,分析了海外华文教育发展中产生的新变化、新特点,介绍了国务院侨办应新形势、新变化而采取的举措。会上为首批 58 所海外华文教育示范学校授牌。在第二届大会上,时任国务院侨办主任李海峰出席开幕式并致辞,希望华文教育继续在增进中外文化交流互鉴,提升中华文化国际影响力,增

进中国同世界各国人民友好交往等方面发挥独特优势，做出新的更大的贡献。大会就新时期海外华文教育现状、特点、困难及如何抓住机遇，促进华文教育大发展等议题展开广泛而深入的讨论，表彰了1751名优秀华文教师（"优秀奖"、"杰出贡献奖"及"终身成就奖"）和189名杰出华文教育人士，并为第二批46所海外华文教育示范学校颁发牌匾。在第三届大会上，国务委员杨洁篪会见了与会代表，希望侨务工作者和海内外华文教育工作者深入领会习近平主席在会见第七届世界华侨华人社团联谊大会代表时的重要讲话精神，全面推动新时期华文教育转型升级。国务院侨办主任裘援平在《发展华文教育、振兴华文学校》的主题报告中提出，将建设两大机制——与华侨华人住在国政府交流合作机制、国内华文教育资源统筹协调机制，打造施教体系、教材体系、培训体系、帮扶体系、支撑体系和体验体系六大体系，全面提升华文教育发展水平。会上表彰了1600余名海外优秀华文教师和120名热心华文教育人士，并为38所海外华文教育示范学校颁发牌匾。在第四届大会上，中共中央政治局委员、国务委员杨洁篪出席并致辞：希望广大华文教育工作者树立高度文化自信，坚守华文教育阵地的职责使命，努力提高华文学校的教学质量和办学水平，不断推动海外华文教育繁荣发展；同时，发挥自身独特优势，更加积极主动地向各国人民宣介中国文化、中国故事、中国成就，促进中国与世界各国民心相通，做中华优秀文化的热情传播者、和谐侨社建设的自觉践行者、中外友好事业的积极推动者。国务院侨办主任裘援平在《深化华文教育"三化建设"，大力弘扬中华优秀文化》的主题报告中，分析了当前海外华文教育发展面临的新机遇与新挑战，研判了未来华文教育发展的四大特征，希望广大华文教育工作者坚定文化自信，抓住大好机遇，以不断创新的精神全面深化海外华文教育"标准化、正规化、专业化"发展。会上表彰了1599名海外优秀华文教师和140名热心华文教育人士，并为30所海外华文教育示范学校颁授牌匾。①

（八）在海外建设华文教育示范学校

为帮助海外华文学校提升办学层次和办学水平，国务院侨办自

---

① 以上据会议资料及相关报道整理而成。

2009 年开始遴选建设"华文教育示范学校",重点给予扶持,通过发挥示范学校的榜样作用,带动当地其他华文学校提高办学水平。2009 年首批入选 58 所学校,分布于 22 个国家;2011 年第二批入选 46 所学校,分布于 15 个国家;2013 年第三批入选 88 所学校,分布于 27 个国家;2014 年第四批入选 18 所学校,分布于 7 个国家。四批共计 210 所学校,分布于世界五大洲的 35 个国家。至 2017 年将再建 100 所华文教育示范学校①。已获批的四批"华文教育示范学校"见附录 2"海外华文教育示范学校列表"。

(九)创办中国华文教育网

为适应海外华文教育现代化发展要求,提高海外华文学校教师的教学能力和水平,帮助华裔青少年更快捷、更有效地学习中国语言、了解中华文化,国务院侨办于 2007 年 11 月 4 日正式创办了面向海外华文教育的专业网站——中国华文教育网(http://www.hwjyw.com)。网站设华文教育资讯、师资培训、华文教材、网上课堂、中华文化、寻根之旅、教学园地、资源中心、华文教育社区等栏目,通过发布华文教育资讯和华文教材,开办华文教师培训课程和各类讲座,提供翔实丰富的华文教育资料,满足广大海外华文教师、学生和其他热心中文学习者上网学习中国语言和中华文化的需求。它的创办,既为华文教育的远程学习和互动交流提供了极大方便,也搭建了海内外华文教育者和学习者沟通交流的新平台。

三、侨务工作中中华文化传播的总体评价

(一)成绩与优势

综观既往侨务工作中中华文化传播的开展,其成绩与优势主要体现在以下几个方面:

1.始终把握中华文化这一联系全球华侨华人的主线,从理论和实践两个方面对中华文化进行阐释和弘扬。由上述介绍不难看出,侨务工作

---

① 裘援平.振兴华文教育事业 助力中华民族复兴——《世界华文教育年鉴》序言[M]//贾益民.世界华文教育年鉴(2017).北京:社会科学文献出版社,2017:3.

中的中华文化传播既有以重大工作举措为载体的传播,也有通过大型专门活动的举办来开展。如果说重大工作举措以高端的研讨交流为途径,侧重于理论上的阐释,那么专门活动则更多是面向特定的群体从实践上加以推进。而这一工作理念正来自对中华文化这一侨务工作核心命题的深刻认识和牢固把握。中华文化既是中华民族的共有精神家园,也是联系海外侨胞的精神纽带,它在侨务工作中不仅具有理论上的意义,而且在实际工作中也给我们创造了许多有利机会和实在抓手。从中华文化传播的角度去开展工作,同时借助工作的开展去传播中华文化,其本身既相互促进、相得益彰,同时也充分体现出"以人为本,为侨服务"的宗旨。由前述情况可知,侨务工作中的文化传播正是贯彻了这样的工作理念,中华文化传播不仅贯穿于侨务工作的各个方面,这其中不独有像华文教育、华文传媒这样的直接领域,同时也有像华侨华人、华族社团这样的相关领域,而且也落脚于理论和实践两个层面。既主题鲜明又统筹兼顾,既有理论阐释又有实践保障,这正是由对中华文化的准确定位及牢固把握所形成的文化传播机制,而这也从一个侧面反映了中国侨务工作的特色。

2. 重大工作举措与海外中华文化传播载体相对应,既有利于海外文化传播体系建设也有利于海外华族社会建设。如前所述,华侨华人、华族社团、华文传媒、华文教育是中华文化海外传播的四大重要载体,也是海外华族社会的重要支柱,而侨务工作中所出台的重大举措正与这四大载体(支柱)一一对应,如"世界华人论坛"之于华侨华人,"世界华侨华人社团联谊大会"之于华族社团,"世界华文传媒论坛"之于华文传媒,"世界华文教育大会"及"国际华文教育研讨会"之于华文教育。可以说这种一一对应反映了对海外中华文化传播体系和海外华族社会的全面关照和根本把握。就文化传播体系而言,我们说四大载体均以不同的形式对中华文化进行传播,并做出了贡献,它们相互之间虽也时有互动和交流,但客观上讲,以四大载体为基础的传播体系的形成往往又是不自觉的,从内部和微观上也是不易把握的。而正是由于有了侨务工作上述有针对性的工作举措的出台,使原来彼此分立的文化传播载体得以有机联系起来,也整合了起来,这样就为整个文化传播体系的自觉运作、整体运作注入了活力,带来了巨大生机。就海外华族社会而言,其建设发展也是一项系统工程,

从四大支柱入手,做好沟通联系工作,帮助他们提高认识,达成共识,对于促进整个海外华族社会的团结,形成合力更是具有至关重要的意义。而这也是我们侨务工作责无旁贷的义务。

3.形式多样、针对性强,具有创新性,效果显著。通观侨务工作中的文化传播,其形式可谓灵活多样,且针对性强。这其中既有严肃认真的论坛、大会,也有亲情连心的慰问访演;既有切身体验的寻根,也有充满趣味的比赛,而这些形式又恰恰针对了不同对象的特点,巧妙中体现出创新意识和智慧,故能取得显著效果,受到广泛欢迎,成为知名品牌。如就面向海外华裔青少年的夏(冬)令营而言,华裔青少年是海外中华民族社会的未来,做好他们的民族文化传承是"留根工程"和"希望工程",意义重大。在对这一重要群体的文化传承中,不仅有"寻根之旅",而且有"知识竞赛"(文化大赛)、"作文比赛"和"大乐园",既切合青少年的特点,又多管齐下。其中的"寻根之旅"集游览参观、学习交流、寻根问祖为一体,既体现了"读万卷书,行万里路"的先哲古训,也收到了"百闻不如一见"的实效。从相关组织来看,既有各不相同的主题营也有针对特殊群体的专门营,既有统一的北京集结营又有分赴各地的地方营,另外"知识竞赛"(文化大赛)和"作文比赛"的优胜者亦可组营,体现出整个项目的系统性和配套性。从效果和影响来看,一个营员的背后就意味着一个家庭,间接影响人数远远超出了营员数量本身。故这样的活动真可谓"弘扬中华文化、涵养海外侨力资源的最佳形式,也将收到最好效果"①。再就"文化中国·四海同春"来讲,选择春节这一中华民族最为重要的节日,以强大的演出阵容和精品民族节目,同时到访世界五大洲的华侨华人聚居区,这对于正处于"每逢佳节倍思亲"和"好山、好水、好寂寞"中的海外游子来讲,怎能不群情振奋,以至出现一票难求,一场演出下来掌声就有 110 次之多的盛况。"一夜乡心五处同",中华文化的绚烂多姿和无穷魅力不仅给海外同胞带去了巨大精神慰藉和艺术享受,连当地民众也不由得发出"难以置信!难以置信!真是太美了!"这样发自内心的赞叹。访演中的英国伦敦特拉法加广

---

① 赵阳:"寻根之旅"弘扬中华文化涵养侨力资源[EB/OL].[2010-09-30].http://news.china.com.cn/rollnews/2010-07/25/content_3418187.htm.

场,之所以天空中飘着雪花,现场竟还聚集了几十万人之众,不正说明"'文化中国·四海同春'通过打造春节文化品牌,并以一种普天同庆的开放胸怀将其带到海外,无疑是中国彰显软实力的一次突破性创举"①。

4.范围广,参与者众,内容丰富,影响深远。华侨华人广布全球,中华文化作为侨务工作的重要理念,伴侨务工作的开展而走向世界,其覆盖地域之广,参与人数之众,堪称大视野、大手笔。就以重大工作举措为载体的文化传播而言,"世界华人论坛"已办6届,共有来自数十个国家和地区的1000多位高端专业人士参与;"世界华侨华人社团联谊大会"已办8届,130多个国家和地区的近4000名代表参加;"世界华文传媒论坛"已办9届,共有近4000名代表与会,涉及世界五大洲60多个国家和地区;"国际华文教育研讨会"已办5届,40多个国家的近千名代表出席;"世界华文教育大会"已办4届,50多个国家和地区的2000多名代表参加。就大型专门的文化传播活动而言,"文化中国·四海同春"迄2015年已累计去访全球六大洲109个国家及港澳地区223个城市,演出320场,观众累计达400余万人次,电视观众过亿;2010年的"中国寻根之旅"夏令营共有51个国家和港澳台地区的6000余名青少年参加;2012年首届"中华文化大赛"举办时即吸引了20个国家35000余名海外华裔青少年参加;"华人少年作文比赛"已办17届,数十万名华裔青少年参加,参赛国家最多时有近50个。除了可观的规模,其涉及的领域和所传播的内容也极为丰富,其中既有经济、科技等热点问题,也有社团、传媒、教育等重点领域;既有高端专业人士的学术、理论性交流探讨,也有华裔青少年的知识性、应用性实践体验,更有中华民族民众的娱乐同庆。以此为依托,中华文化包括语言、文字、诗歌、戏剧、曲艺、音乐、舞蹈、武术、书籍、书法、绘画、工艺、服饰、礼仪、医学、饮食、民俗等丰富的内容得以向海外华族社会和整个世界广泛传播。这在直接拉近海外华族与中华文化的距离,增强血浓于水的骨肉亲情的同时,也扩大了中华文化的世界影响。这既是对中华民族共有精神家园的具体建设,也是对海外华族社会民族文化认同的有

① "文化中国·四海同春"访美巡演:精品纽带平台[EB/OL].[2010-09-30]. http://news.163.com/10/0304/10/60U4IGIB000146BD.html.

力促进,而由此所产生的凝聚力和影响力,无疑为国家软实力的构建做出了重大贡献。

(二)改进方面

在我们充分肯定既有文化传播工作所取得的成绩和形成的优势的同时,也应该看到为更好地促进文化传播的开展,目前工作中还有一些需要改进和加强的地方,具体说来有以下几个方面:

1.在积极开展文化活动的同时,加强文化产品开发。应当看到目前的文化传播形式虽多样,但还是以活动类居多,这些活动虽也形成了长期运作的机制,并已成为知名品牌,但活动的周期性所客观造成的"断档期"亦使这种以活动类为主的文化传播表现出了某些暂时性的特点,留下了许多有待填补的空间。而要弥补这一缺憾,就要注意在活动定期开展的同时,加强对文化产品的开发。文化产品特别是品牌产品就像华文教育中的教材,它不仅可以供人随时取阅,方便使用,而且其经典性的解读,可以永驻人们心间。文化领域是极为广阔的,文化产品的种类也应该是丰富多彩的,这其中既包括物质类的也包括精神类的。我们应当看到,文化产品的开发目前还远远落后于文化活动的开展,即以华文教育为例,虽有多年的努力,但合适的教材至今仍是制约华文教育发展的一大瓶颈问题。其中的障碍之一不在于其通用性,而在于特殊性,即如何将中国的语言文化与学习者的特点、背景有机地结合。这看似较为简单,不成其为问题,但只要对海外华文教育有所了解就知道,精品教材的开发其实仍任重而道远。华文教育如此,面向海外中华民族社会各个方面、各种群体的文化产品开发更是如此。总体数量、品种既少,适合的精品产品就更少,这不仅未能充分满足海外华族社会的文化需求,也使得我们的文化传播力度略显单薄。

2.在通俗文化传播的同时,加强深层文化挖掘。中华文化博大精深,这既为我们的文化传播提供了可资利用的丰富资源,同时也为我们的文化传播带来了一定的难题。具体可感的文化事象易于人们了解、认识和把握,也容易传播,但深藏在这些文化事象背后的价值观念、思维方式乃至民族精神等深层次文化内涵却不容易被人理解和掌握,而从文化传播的目的上讲,后者的彰显才是文化传播的真正意义所在,也是民族文化作为世界文化多样性的本质特征所在。在文化传播上我们需要借助具体可感的文化事象引起人们的兴趣,但这种兴趣必须有助于深层内涵的显露和张扬,或必须引导到对深层文化的理解和把握上去,才能充分实现其价值和意义,否则再丰富多彩和琳琅满目,文化的作用和影响力总还是有限,难以持久和深入。侨务系统的文化传播面向的群体主要是华侨华人,虽然族内文化传承时遇到的上述问题不是那么突出,但它对于民族文化的自觉和民族文化的认同仍有着重要意义,应当引起我们的重视。将通俗文化传播与深层文化传播结合起来,我们的文化传播质量就会有进一步提高。

3. 在做好文化传播工作的同时,加强文化建设。随着国家软实力战略的提出,文化建设工作也提上了日程。在国家软实力构建背景下,文化建设要更加注重统筹国内和国外两个大局。华侨华人文化传承作为我国软实力构建的重要资源,无疑也应当纳入文化建设的视野,引起进一步重视。应当看到,华侨华人移居海外甚早,海外华族社会形成亦早,其所秉承的中华文化是传统有余而当代不足;华侨华人立足海外不易,由于其生存发展多是靠族缘地缘相周济,故其对中华传统文化的选择也是驳然杂陈,良莠俱在;华侨华人孤悬异域,作为当地社会的少数族裔,其所固有的文化也必然受到其他民族文化的影响和冲击。所有这一切都提醒我们,在民族文化传承上仅做好一般的文化传播工作还是不够的,还必须通过文化传播引导、帮助海外华族社会将自身文化建设好。中华文化既有悠久深厚的传统积淀,也有与时俱进的最新发展,只有将优秀的文化成果和文化精神全面继承好、弘扬好,海外华族社会才能提高自身的生存力和发展力,真正成为沟通中外的牢固桥梁和平台,并为所在国文化的繁荣发展做出贡献。伴随着 21 世纪我国侨务工作一系列重大措施的出台,海外华族社会的文化建设已经引起重视并取得了明显成效,只要我们继续努力,文化传播的深远意义和影响就会更加显现。

第三节　促进华侨华人文化传播的政策建议

有鉴于上,为进一步做好侨务系统的中华文化传播工作,促进华侨华人中华文化传播体系建设,特提出以下对策建议供参考。

一、提高认识,形成共识

软实力建设是事关国家和民族的事业。伴随着中国的迅猛发展,中华民族正迎来民族复兴的美好明天,这是难得的历史机遇。从文化传播的角度讲,虽然某种文化的国际化是国家实力增强的客观必然,但无数事例也证明,在一个民族的世界发展史上,其文化国际化的历史机遇是不多的,为时可能也不会太长,这就需要我们以高度的民族自觉意识去好好珍惜和把握。中华文化是全体中华儿女共有的精神家园,也是连接海内外同胞的牢固精神纽带,将中华文化传承好、传播好,促使其伴民族的复兴而日益国际化,是海内外中华儿女共同的责任和荣耀。长期以来,中国政府不仅高度关心和重视海外同胞在海外的生存和发展,而且也在各方面提供了巨大的实际支持和帮助;海外同胞身在海外,但心系桑梓,为祖(籍)国的建设和发展也做出了重要贡献。目前新的历史机遇已经摆在了我们面前,围绕着国家软实力构建,文化软实力建设已提上了日程。在此背景下,长期以来形成于海外华族社会,以传承、传播中华文化为宗旨,并为中华文化的国际化做出重要贡献的华侨华人及其文化传播就应该引起我们的高度重视。作为国家软实力构建不可或缺的重要组成部分,华侨华人的文化传播不仅是中华文化在海外的自然延伸,而且也搭建了中华文化走向世界的重要平台。这一文化传播深植于海外华族社会,执着的文化传承背后反映出为民族权益而斗争的不懈追求,而中国软实力的构建,无疑也为这一追求的实现创造了新的机遇和条件。由此而言,无论是从中国的发展来讲还是从海外同胞的利益来讲,中华文化这一纽带在民族复兴的新的历史起点上再次把我们牢牢地联系在一起,也团结在一起;自觉承担起共同的责任,合力推进中华文化走向世界,应该是海内外全体中华儿女共同的目标和追求。

二、把握政策界限，妥善处理政治敏感问题

中国的软实力构建以和谐世界为终极目标，但这并不为国际社会所完全认识和了解。伴随着中国的不断发展，总是能听到一些有关中国"国强必霸"的误导言论，这已成为影响中国发展的干扰因素。就华侨华人的文化传播而言，由于国籍、身份等问题的客观存在，更容易为这种误导言论所利用，从而构成对中国文化传播和软实力建设的负面影响。就华侨华人聚居的东南亚地区而言，一方面双方的交往历史悠久，友谊深厚，新的交往和合作也在不断增强，但另一方面由于政治上的一些原因，这一地区国家对中国也一直心存芥蒂，历史上不仅发生过令人发指的排华惨剧，而且至今仍有人担心中国强大了会在经济、军事上给他们造成威胁，"中国威胁论"以及"中国投资黑洞论"等叫嚣仍此起彼伏。英国伦敦国际战略研究所编撰的《战略研究2010》亦称，全球金融危机导致地缘政治发生变化，部分东南亚国家对中国发展势头和影响力增长的忧虑上升，意图抗衡所谓可能出现的"威胁"[1]。这就提醒我们，在由华侨华人开展的文化传播中，我们应正确把握政策界限，妥善处理民族认同与国家认同等敏感问题，既努力维系海内外中华民族共有的文化认同，同时也鼓励海外华族积极融入所在国社会，并为所在国的发展做出贡献。只有这样，才不会被别有用心的舆论找到借口，以免影响文化传播的大局。

由此也提醒我们，在中华文化的传播上，中华文化的普世价值以及"和"的理念是多么的不被人所了解和认识，而这方面内容的传播对于今天的世界发展来讲又是多么的必要和有价值。

三、注重对文化传播的引导和华族自身文化建设

如前文所述，为了更好地促进文化传播和国家软实力构建，我们需要重视文化建设，海外华族文化建设虽主要是靠其自身来担当，但我国侨务部门的引导和帮助亦必不可少。鉴于目前文化传播中所存在的不足，这

---

① 　王瑞彬. 中国与东盟：接近不是威胁而是机遇[N]. 光明日报，2010-10-18(8).

种引导和帮助今后可重点围绕以下几个方面展开:

1.优秀传统文化与当代中国文化相结合

文化软实力主要体现在文化的影响力和感召力,而文化的影响力和感召力则主要来自优秀的传统文化及其时代发展。应当看到,海外中华民族社会既传承了许多优秀的传统文化,也保存了一些落后和消极的东西;我们悠久的文明成果虽多,但为世人所了解的还很有限,长期以来中华文化仅以"五张脸"(针灸、戏剧、功夫、孔子和酒)的形象出现在海外,这不仅是我们文化传播的遗憾,也直接影响到国家形象的塑造。新中国成立以来,特别是改革开放以来,我国经济飞速发展,科技进步日新月异,社会建设也日趋现代化,我们应在传播优秀传统文化的同时注重展现当代中国的时代发展和精神风貌,将悠久文明古国和高度负责任的和谐大国统一起来,这才是我们通过文化传播所要传递给世界的中国形象。在这方面,侨务工作的引导和海外中华民族社会的自身文化建设必不可少。

2.文化普及与文化提高相结合

文化传播需要一定的社会基础,故此文化传播离不开文化普及,但文化传播的目的和文化传播的内在规律也昭示我们,文化提高的工作同样不能忽视。因为只有做好文化提高工作,深层次的文化内涵才能为人们所认识和掌握,只有对文化开展深入系统的研究才能为文化普及提供更多可资利用的资源,从而促进文化的更好传播。海外中华民族社会由于缺乏有力的统一组织,依靠各族群社团,文化普及工作相对开展的较好,但文化提高工作亟待加强。在这方面,一是要注重文化创新,培育文化产业和文化产品。多样的文化产品是海外华族社会文化发展的客观需求,也是引导人们深入领会中华文化并最终走向文化认同的重要媒介。海外华族社会历史悠久,各项事业涉及广泛,人文景物独具风情,这些都为文化产品的开发打下了坚实基础。我们应该引导海外华族在文化建设的思维方式上不断创新,以文化产品的开发为突破口,逐步培育文化产业的形成,从而构建产品—产业的良性循环,以更多的文化生产满足海外华族社会的文化需求。二是要组织开展对中华文化的系统专门研究。文化传播离不开文化研究,以世界犹太移民为例,其移民人数虽不为众,但文化认同异常强烈,这与他们自身重视在移居地开展民族文化研究有着密切的关系。目前对中华文化的研究虽然有本土的研究和国外汉学家们的研究,再加上海外华侨华人的研究,看似有些重复,实际上不能相互取代,其功用和趋向也不完全一样。以上两方面的工作都需要一定经济支持,除了应积极争取所在国政府的资助外,目前海外华族社会虽不是人人富有,但华侨华人经济毕竟已引人关注,如果能将一部分华族经济引导到这上面来,必将为海外华族社会既有的文化传播带来更强的动力。

3.打破文化自闭状态,推动文化融入主流社会

长期以来,由于海外华族多是聚族而居,在所在国中又处于弱势地位,故其文化传播多是在族内传承。"唐人街"的民族文化氛围虽热闹感人,但是对于族外人来讲可能除了好奇之外仍无动于衷,由此呈现出一种文化自闭状态。这样的文化传播对于国家软实力的构建来讲,是远远不够的。正如有学者所指出的,"如果我们的卫星信号不能在海外落地,我们的电影不能够在外国主流电影院上映,我们的艺术演出不能够进入外国演出市场,那么我们的文化软实力也就无从体现"①。从国家软实力构建角度讲,国外主流社会、主流市场仍是我们文化传播的重要方向。作为华侨华人而言,自身的文化传承认同虽然是首位的,但也应当清楚只有自身在主流社会融入得越深入,对祖(籍)国的实质性贡献才会越大。所以在文化传播上,我们不仅要打破既往的文化自闭状态,以更加包容和开放的心态,邀请更多族外民众参与,而且要以自身在所在国的发展,推动文化更好地融入主流社会和市场。

四、充分利用联合国有关文件,重视教育的文化传播功用

华侨华人的住在国许多是多元种族和多元民族国家,在多元社会中充分保障文化的多样性一直是联合国极为重视的一项工作。为此联合国

---

① 贾磊磊.跨界与整合:国家文化软实力的研究路径[N].光明日报,2009-12-15(11).

教科文组织曾专门制定和颁布过许多有关语言问题的规约①如《世界文化报告 2000：文化的多样性、冲突与多元共存》②《联合国教科文组织关于保护语言与文化多样性文件汇编》③、《文化多样性与人类全面发展——世界文化与发展委员会报告》④。这些规约、报告、文件在世界多元文化发展趋势下，已为越来越多的国家（包括东南亚）所接受，并成为制定国内有关政策的重要参考依据。充分利用这些文件，不仅可为中华文化传播提供更多的依据和保障，而且华族社会的华文教育办学、华文传媒发展也有望得到进一步改善。

　　教育是事关未来的百年大计，也是中华文化传播的重要途径和载体，应重视从华文教育入手推动中华文化传播。如在东南亚地区，2008 年 7 月即启动"中国—东盟教育交流周"，至今已成功举办了十届。在 2010 年 8 月召开的第三届中国—东盟教育交流周期间，还成功举办了首届中国—东盟教育部长圆桌会议，并发布了全面推动教育等人文领域深入合作的《贵阳声明》⑤。自 2008 年中国与东盟十国互派留学生开展交流活动以来，中国在东盟国家留学生已超过 4 万人，东盟国家在华留学生已超过 8 万人⑥；中国高校已开齐了东盟国家所有的语言专业，使越来越多的中国民众对东盟的语言和文化产生了兴趣⑦；至 2017 年中国在东盟国家已建立了 31 所孔子学院和 34 个孔子课堂，中国语言文化在东盟社会的

---

　　①　郑梦娟. 联合国教科文组织语言问题规约情况［J］. 世界民族，2008(5)：86-96.

　　②　联合国教科文组织. 世界文化报告 2000：文化的多样性、冲突与多元共存［M］. 关世杰，等译. 北京：北京大学出版社，2002.

　　③　联合国教科文组织. 联合国教科文组织关于保护语言与文化多样性文件汇编［M］. 范俊军，编译. 孙宏开，审订. 北京：民族出版社，2006.

　　④　联合国教科文组织，世界文化与发展委员会. 文化多样性与人类全面发展——世界文化与发展委员会报告［M］. 张玉国，译. 广州：广东人民出版社，2006.

　　⑤　首届"中国—东盟教育部长圆桌会议"闭幕［EB/OL］.［2010-09-30］. http://world. jyb. cn/zwyj/201008/t20100810_381051. html.

　　⑥　2017 年第十届中国—东盟教育交流周［EB/OL］.［2017-12-30］. http://www. sohu. com/a/160971668_644578.

　　⑦　第七届中国—东盟教育交流周在贵阳开幕［EB/OL］.［2014-10-30］. http://www. chinanews. com/edu/2014/09-01/6551508. shtml.

影响越来越大。就海外华文教育示范学校而言，亚洲地区已建76所中有68所就在东盟国家。这些都为这一地区的中华文化传播创造了有利条件，带来了难得机遇。更广泛地参与到双方的教育交流与合作中来，并不断推进其深入开展，就会为这一地区的中华文化传播注入活力。

五、进一步做好资源整合，优势互补，形成合力

从我国的对外文化传播来看，与侨务系统文化传播密切相关的还有孔子学院总部/国家汉办组织的汉语国际推广、文化部负责的海外中国文化中心以及作为我国高等教育重要组成部分的来华留学生教育等领域。以上这些面向的群体虽各有侧重，运作模式也不尽相同，但促进中华文化走向世界是其共同目的。故做好资源整合工作，优势互补，形成合力，对于推动中华文化走出去和国家软实力构建有着重要意义。

自2006年开始全面启动的汉语国际推广以海外孔子学院建设为综合集成品牌。孔子学院初设于2004年，至今全球已有146个国家和地区建立了525所孔子学院和1113个孔子课堂。孔子学院自设立以来，作为中外合作建立的非营利性教育机构，积极开展汉语教学和中外教育、文化等方面的交流与合作，受到国际社会的普遍欢迎和好评，被誉为"迄今为止中国出口的最好最妙的文化产品"①，创建了"一个更加温暖和更加积极的中国社会形象"②，为汉语和中华文化的世界传播做出了重要贡献。但孔子学院的建设和发展与华侨华人的支持和帮助分不开，汉语国际推广要顺利实施也不能忽视海外华文教育这一重要资源。在孔子学院建设过程中，许多华人学者参与了相关文件的制定；相当一部分华人教授担任了孔子学院院长；缅甸华侨华人为孔子课堂踊跃捐款；博茨瓦纳大学孔子学院庆祝中国节，华侨华人积极响应；等等。故此应该更加紧密地加强两者之间的合作。令人欣慰的是，汉语国际推广与华侨华人的联手合作已越来越自觉，类似威尼斯地区华侨华人总会与帕多瓦大学孔子学院联合

---

① 孔子学院走过10年：迄今中国出口的最好最妙文化产品[EB/OL].[2014-12-30].http://news.163.com/14/0928/08/A77GDSQP00014AED.html.

② 郭扶庚.孔子学院：给世界一个温暖积极的中国[N].光明日报，2007-04-10(5).

主办"中国丝语"大型春节晚会这样的活动不仅越来越多,而且"国家汉办在向国外主流社会开展汉语国际推广的同时,也尽力满足华侨华人社会的需求,'孔子课堂'、教师培训、汉语水平考试等项目落户华文学校,广大华文教师和华裔学生从中受益"①。相信这种良性互动、合力共推,必将大大有助于中华文化的世界传播。

正式创建于1988年的中国文化中心,作为我国政府驻外文化官方机构,利用自主场地,以长流水、不断线的工作方式,开展"信息服务、教学培训、文化活动",成为中国文化走向世界的重要窗口,受到驻在国政府和民众的欢迎②。目前我国已批准设立的中国文化中心有35个,分布在非洲、欧洲、亚洲和北美洲、大洋洲③。多年来,中国文化中心以驻在国公众为服务对象,华侨华人不仅从中受益,而且也成为助推中国文化中心发展的重要力量。无论是欧洲华侨华人社团联合会在柏林中国文化中心举办图片展,还是东京中国文化中心"出门"讲演获华侨华人欢迎等,无数事例都反映出双方之间的密切合作关系以及相互支持的特殊亲情。实际上这也正是中国文化中心之所以获得成功的重要原因所在。毛里求斯中国文化中心"致力于增进当地华侨华人特别是他们中的年轻一代对中国文化的了解,为推动中外文化交流、增进人民互相了解和传统友谊发挥了积极作用"④;而新加坡学者和文化界人士也普遍认为,中国在新加坡设立中国文化中心,必"将有助于本地中华民族社群建立深厚的文化底蕴,强化和丰富新加坡多元种族、文化的建构"⑤。可见服务华侨华人与服务当地

① 赵阳细数海外华文教育的新变化、新特点[EB/OL].[2010-08-01].http://www.chinanews.com.cn/hwjy/news/2009/10-20/1920239.shtml.
② 驻外中国文化中心发展:春雨润物细无声[EB/OL].[2010-09-30].http://www.chinaculture.org/whrd/2010-02/10/content_370792.htm.
③ 中国文化中心介绍[EB/OL].[2015-09-28].http://cn.cccweb.org/portal/pubinfo/001002011/20150210/0c793f933c364d4c90f8fffb54771d00.html.
④ 文化交流近悦远来——记胡主席参观中国文化中心[EB/OL].[2009-09-30].http://www.tianshannet.com.cn/news/content/2009-02/18/content_3849062.htm.
⑤ 新加坡各界对"中国文化中心"落户表期待[EB/OL].[2010-05-30].http://news.sina.com.cn/o/2009-11-13/144416603527s.shtml.

民众是不矛盾的,是统一的,只有将两者有机地结合起来,才能更好地实现促进中外文化交流、增进人民友谊的目的。

　　起步于1950年的来华留学生教育是我国高等教育的重要组成部分,也是我国教育对外交流与合作的重要方面。该项教育事业自改革开放以来,伴随着我国政治、经济、文化等各方面的发展而不断成长壮大。1950年,只有东欧3个社会主义国家的15名交换生集中在清华大学一所高校学习;2004年,来华留学生人数首次突破10万,其数量已经位居世界留学生教育大国的前10位;2016年,共有来自205个国家和地区的442773名各类外国留学人员在31个省(自治区、直辖市)的829所高等学校、科研院所和其他教学机构中学习①。需要指出的是,在来华留学生的总量中,华裔留学生人数占了不小的比例。这一比例虽难以确切估算,但至少提醒我们既应充分看到华裔学生对来华留学生教育事业发展的贡献,同时也应进一步做好华裔留学生的侨务工作。来华华裔学生是海外华族社会的未来和希望,相对于参加"寻根之旅"的华裔青少年来讲,他们不仅居华时间长,对祖(籍)国的体验、感情深,而且又是学有所成的专业人才,可以说在他们身上体现了我们所要涵养的侨务资源的许多方面,是重点中的重点,种子中的种子。有鉴于此,如何联手做好来华华裔留学生的教育工作应当引起侨务部门和教育部门的进一步重视。

---

　　① 2016年度我国来华留学生情况统计[EB/OL].[2017-09-30].http://www.moe.edu.cn/jyb_xwfb/xw_fbh/moe_2069/xwfbh_2017n/xwfb_170301/170301_sjtj/201703/t20170301_297677.html.

附录1:部分国内华文教育基地院校列表

所在省/市/自治区	院校名称	院校数量	
		地区数量	总计
北京	北京海淀进修实验学校、北京华文学院	2	
山东	青岛大学、泰山学院、山东泰安艺术学校	3	
河北	张家口市第六中学	1	
浙江	浙江大学、杭州学军中学、温州大学、温州市少年艺术学校、温州体育运动学校	5	
江西	九江学院	1	
河南	郑州大学、河南大学、河南省实验中学	3	
黑龙江	哈尔滨外语学校	1	
四川	四川大学、成都树德中学	2	
重庆	重庆师范大学、重庆市暨华中学	2	
贵州	贵州师范学院	1	
天津	天津大学	1	
上海	上海师范大学、华东师范大学	2	
湖北	华中师范大学	1	43
江苏	南京师范大学	1	
安徽	安徽师范大学、安徽大学	2	
吉林	延边大学、东北师范大学	2	
山西	山西大学	1	
海南	海南大学、海南师范大学	2	
辽宁	辽宁师范大学	1	
陕西	陕西师范大学	1	
湖南	湖南师范大学	1	
福建	厦门大学、华侨大学	2	
甘肃	西北师范大学	1	
云南	昆明华文学校	1	
广西	广西华侨学校	1	
广东	暨南大学、深圳市耀华实验学校	2	

附录 2:海外华文教育示范学校列表

洲别及数量	国别及数量	第一批	第二批	第三批	第四批	总数
亚洲 76	菲律宾 15	菲律宾中正学院、菲律宾侨中学院、宿务耶稣会圣心学校、描戈律大同中学	菲律宾中西学院、菲律宾华文教育中心、怡朗新华学院、三宝颜中华中学	罗申那同和中学暨附小、红奚礼示立人中学、菲律宾怡省毓侨中学、怡朗华商中学、宿务中华中学、碧瑶爱国中学、仙朝峨中华中学		
	老挝 4	万象寮都公学、沙湾拿吉崇德学校、百细华侨公学		琅勃拉邦新华学校		
	柬埔寨 9		金边端华学校、崇正学校、福建会馆民生中学	公立广肇中学、暹粒中山中学、西哈努克省公立港华学校、立群学校	贡布省禄山市公立华侨学校、逢咋叻县觉群学校	
	蒙古 1	旅蒙华侨友谊学校				
	泰国 27	北榄公立培华学校、国光慈善中学、育华学校、智民学校	泰京培英学校、罗勇府公立光华学校、龙仔厝府三才公学、呵叻府磨艾县公立育侨学校、帕府中兴学校、泰南勿洞中华学校	曼谷培知公学、芭提雅明满学校、大城强华学校、网銮公立建华学校、清迈崇华新生华立学校、彭世洛醒民学校、清莱网攀公立中华学校、坤敬公立华侨学校、乌汶华文学校二、德教树强学校、泰国合艾陶华教育慈善中学、东盟普及泰华学校	泰国春府大众学校、光明华侨公立学校、横色令县公立敬德学校、武哩喃公立华侨学校、陶公复兴学校	

洲别 及数量	国别 及数量	第一批	第二批	第三批	第四批	总数
亚洲 76	缅甸 12	东方语言与商业中心、福星语言与电脑学苑、福庆学校	缅甸东枝东华语言与电脑学校、缅北腊戍成果文中学	仰光九龙堂天后华文补校、八莫佛经学校、曼沾勐稳学校、抹谷千佛寺学校、景栋中文培训中心	曼德勒云华师范学院、大其力大华佛经学校	
	文莱 1	文莱中华中学				
	日本 4	横滨山手中华学校、神户中华同文学校		同源中国语学校、九州中国人学者技术人员联谊会附设习悦中文学校		
	韩国 3	首尔华侨小学、韩国大邱华侨小学		光州全南中国侨民学院中国华侨学校		
欧洲 60	奥地利 2	维也纳中文学校、维也纳中文教育中心				
	瑞士 1			日内瓦中文学校		
	爱尔兰 1			华协会中文学校		
	丹麦 2	丹麦华人总会中文学校、美人鱼中华文化学校				
	荷兰 3	旅荷华侨总会乌特勒支中文学校、安多芬中文学校	丹华文化教育中心			
	捷克 1			布拉格中华国际学校		

洲别及数量	国别及数量	第一批	第二批	第三批	第四批	总数
欧洲 60	西班牙 7	马德里华侨华人中文学校	马德里爱华中文学校、ESERP孔子文化学校、中国文化学校、中加西友好学校	塞维亚中文学校、巴萨罗那中国学校		
	英国 10	伯明翰华联社中文学校、伦敦普通话简体字学校、华夏中文学校		英国共和协会中文学校、英国依岭中文学校、英国格林尼治中文学校、苏格兰华夏中文学校、曼城侨联社华人子弟学校	伦敦哈劳中文学校、曼彻斯特中国教育文化社区协助中心中文学校	
	法国 5	法国华侨华人会中文学校、法国潮州会馆中文学校、法国欧洲时报文化中心中文学校		法国语言文化国际交流协会附属精英中文学校、法国中华学校		
	德国 9		柏林华德中文学校、巴伐利亚中心学校、不来梅华威中文学校、汉堡汉华中文学校、斯图加特汉语学校	柏林益智中华文化学校、华达中文学校、汉园杜塞尔多夫中文学校、纽伦堡中文学校		
	葡萄牙 2		里斯本中文学校	维拉贡德中文学校		
	瑞典 4		瑞青中文学校、瑞京中文学校	斯德哥尔摩新星中文学校、哥德堡第一中文学校		
	波兰 2			华沙汉语中心、华沙中文学校		

洲别及数量	国别及数量	第一批	第二批	第三批	第四批	总数
欧洲 60	挪威 1			挪威中文学校		
	比利时 2		布鲁塞尔中文学校	安特卫普中文学校		
	意大利 8	意大利普拉托华人华侨联谊会中文学校、米兰华侨中文学校	基督教罗马中文学校、意大利佛罗伦萨中文学校、米兰第一中文学校、意大利金龙学校、罗马中华语言学校	米兰龙甲中文学校		
北美洲 47	加拿大 14	蒙特利尔佳华学校、亚省中文学校、侨文中文学校、湾景周六中文学校、温哥华北京中文学校	渥太华欣华中文学校、大温哥华中华文化中心李树坤书院—中文学校、卡尔加里育丰中文学校	蒙特利尔孔子学校、孟尝会中文学校、怀尔逊中文学校、侨道中文学校	萨城中文学校、环球中文学校	
	美国 31	希望中文学校、南侨学校、圣地亚哥华夏中文学校、尔湾中文学校、休斯敦华夏中文学校、亚特兰大现代中文学校、华夏中文学校、希林亚裔社区中心	哈维中文学校、美中实验学校、剑桥中国文化中心、瑞华中文学校	特拉华州春晖中文学校、美洲中华中学校、美国夏威夷明伦学校、德克萨斯达拉斯现代语文学校、底特律中文学校、西北中文学校、克利夫兰当代中文学校、亚省现代中文学校、圣路易现代中文学校、长城中文学校、密歇根州新世纪中文学校、俄亥俄州现代中文学校、亚省希望中文学校、安华中文学校、大辛辛那提中文学校	光华中文学校、明尼苏达明华中文学校、凯瑞中文学校、匹兹堡中文学校	

洲别及数量	国别及数量	第一批	第二批	第三批	第四批	总数
北美洲 47	哥斯达黎加 1			中哥文化教育中心		
	牙买加 1			牙买加中华会馆中文班		
南美洲 5	巴西 2	圣保罗华侨天主堂中文学校、袁爱平中巴文化中心				
	阿根廷 2		富兰克林中文学校	阿根廷侨联中文学校		
	苏里南 1	广义堂中文学校				
大洋洲 21	澳大利亚 16	澳大利亚汉语国际推广中心、南澳华联谊会中文学校、苗苗中文学校、神州中文学校	悉尼大同中文学校(ashfield)、丰华中文学校、雪梨中文学校、中华会馆黎明中文学校	悉尼实验中文学校(原大同中文学校)、樱桃小溪华人协会中文学校、布里斯班中文学校、同心中文学校、亚洲语文学校、新金山中文学校、新金山文化学校	澳华公会中文学校	210
	新西兰 5	基督城路易·艾黎中文学校、奥克兰现代中文学校		惠灵顿中文学校、新西兰华人社区服务中心文化学院、奥克兰华新中文学校		
非洲 1	毛里求斯 1	新华学校				

主要参考文献

一、著作类

高　信.华侨的时代使命与努力方向[M].台北:华侨出版社,1967.

华侨志编纂委员会.华侨志总志[M].增订三版.台北:海外出版社,1978.

王本尊,李洁容.台湾教育概观[M].广州:暨南大学出版社,1990.

陈国华.先驱者的脚印——海外华人教育三百年 1690—1990 年[M]. Toronto, Canada:Royal Kingsway Inc,1992.

林蒲田.华侨教育与华文教育概论[M].厦门:厦门大学出版社,1995.

周聿峨.东南亚华文教育[M].广州:暨南大学出版社,1995.

李明欢.当代海外华人社团研究[M].厦门:厦门大学出版社,1995.

朱慧玲.当代日本华侨教育[M].太原:山西教育出版社,1996.

杨保筠.中国文化在东南亚[M].郑州:大象出版社,1997.

周南京,黄昆章.华侨华人百科全书:教育科技卷[M].北京:中国华侨出版社,1999.

程曼丽.海外华文传媒研究[M].北京:新华出版社,2001.

梁英明.战后东南亚华人社会变化研究[M].北京:昆仑出版社,2001.

庄国土.华侨华人与中国的关系[M].广州:广东高等教育出版社,2001.

蔡德奇,江永良.华侨华人的新发展[M].厦门:厦门大学出版社,2001.

周南京.华侨华人百科全书:总论卷[M].北京:中国华侨出版社,2002.

别必亮.承传与创新——近代华侨教育研究[M].石家庄:河北教育出版社,2002.

联合国教科文组织.世界文化报告 2000:文化的多样性、冲突与多元共存[R].关世杰,等译.北京:北京大学出版社,2002.

彭　俊.华文教育研究[D].上海:上海师范大学,2004.

约瑟夫·奈.软力量:世界政坛成功之道[M].吴晓辉,钱程,译.北京:东方出版社,2005.

郭　熙.全球华语研究文献选编[M].北京:商务印书馆,2015.

"中国语言生活状况报告"课题组.中国语言生活状况报告(2005):上编[R].北京:商务印书馆,2006.

联合国教科文组织.联合国教科文组织关于保护语言与文化多样性文件汇编[M].范俊军,编译.孙宏开,审订.北京:民族出版社,2006.

联合国教科文组织,世界文化与发展委员会.文化多样性与人类全面发展——世界文化与发展委员会报告[M].张玉国,译.广州:广东人民出版社,2006.

郑良树.马来西亚华文教育发展简史[M].北京:外语教学与研究出版社,2007.

黄昆章.印度尼西亚华文教育发展史[M].北京:外语教学与研究出版社,2007.

彭伟步.海外华文传媒概论[M].广州:暨南大学出版社,2007.

郭　熙.华文教学概论[M].北京:商务印书馆,2007.

陈荣岚.全球化与本土化:东南亚华文教育发展策略研究[M].厦门:厦门大学出版社,2007.

中共中央宣传部理论局.理论热点面对面:2008[M].北京:学习出版社,人民出版社,2008.

于富增.改革开放30年的来华留学生教育(1978—2008)[M].北京:北京语言大学出版社,2009.

"中国语言生活状况报告"课题组.中国语言生活状况报告(2008):上编[R].北京:商务印书馆,2009.

蔡昌卓.东盟华文教育[M].桂林:广西师范大学出版社,2010.

张向前.世界华文教育发展研究[M].北京:中国言实出版社,2010.

"中国语言生活状况报告"课题组.中国语言生活状况报告(2009):上编[R].北京:商务印书馆,2010.

丘　进.华侨华人蓝皮书·华侨华人研究报告(2011)[R].北京:社会科学文献出版社,2011.

贾益民.华文教育概论[M].广州:暨南大学出版社,2012.

刘泽彭.国家软实力及华侨华人的作用国际学术会议论文集[C].广州:暨南大学出版社,2013.

严晓鹏.孔子学院与华文学校发展比较研究[M].杭州:浙江大学出版社,2014.

贾益民.世界华文教育年鉴(2013)[M].北京:社会科学文献出版社,2014.

邢新宇.中国周边国家文化外交:东南亚卷[M].北京:世界知识出版社,2015.

贾益民.世界华文教育年鉴(2014)[M].北京:社会科学文献出版社,2015.

李海燕.中华文化教学研究[M].北京:商务印书馆,2015.

贾益民.世界华文教育年鉴(2015)[M].北京:社会科学文献出版社,2016.

王　琳.世界华文教育现状研究[M].北京:商务印书馆,2016.

贾益民.世界华文教育年鉴(2016)[M].北京:社会科学文献出版社,2017.

贾益民.世界华文教育年鉴(2017)[M].北京:社会科学文献出版社,2017.

贾益民,张禹东,庄国土.华侨华人蓝皮书·华侨华人研究报告(2017)[R].北京:社会科学文献出版社,2017.

胡培安,陈旋波.华文教育与中华文化传承[M].北京:社会科学文献出版社,2018.

孔子学院总部/国家汉办.孔子学院年度发展报告(2006—2017)[R].北京:孔子学院总部/国家汉办.

二、论文类

庄国土.台湾当局的海外华侨教育政策初探[C]//华侨历史论丛(第七辑).福州:福建省华侨历史学会,1991:246-255.

周聿峨.海外华文教育的现状与前景[C]//暨南大学华侨研究所.华侨华人研究(第二辑).广州:暨南大学出版社,1991:144-163.

吴端阳.台湾海外华文教育述评[J].海外华文教育,1994(2):43-50.

林国安,莫泰熙.当前马来西亚华文教育发展的若干思考[J].华侨华人历史研究,1996(3):36-45.

王本尊.中国华侨教育概论[M]//周南京.华侨华人百科全书:总论卷.北京:中国华侨出版社,2002:588-618.

王本尊.台湾地区华侨教育概论[M]//周南京.华侨华人百科全书:总论卷.北京:中国华侨出版社,2002:619-630.

梁英明,周南京.海外华文教育的兴衰[M]//周南京.华侨华人百科全书:总论卷.北京:中国华侨出版社,2002:631-640.

李嘉郁.对华文教育中文化问题的几点认识[J].海外华文教育,2002(1):72-78.

孙浩良.澳大利亚华文教育的历史和现状[J].海外华文教育,2002(3):69-73.

贾益民.印尼华文教育的几个问题[J].暨南大学华文学院学报,2002(4):1-13.

王瑞国.论在多元文化社会中的马来西亚华文教育[J].海外华文教育,2003(2):1-13.

李宇明.强国的语言与语言强国[N].光明日报,2004-07-28(B1).

肖　禾.世界"汉语热"方兴未艾[J].决策与信息,2005(9):75-77.

耿红卫.海外华文教育的历史沿革及其启示[J].贵州文史丛刊,2007(1):64-67.

濮端华.从"半岛"看战时国际传播[N].光明日报,2007-04-18(9).

彭　俊.华文教育的百年轨迹和发展规律[J].绍兴文理学院学报,2007(3):40-44.

郑梦娟.联合国教科文组织语言问题规约情况[J].世界民族,2008(5):86-96.

周志刚,乔章凤.海外孔子学院合作办学模式探析[J].江苏高教,2008(5):32-35.

徐丽华.孔子学院的发展现状、问题及趋势[J].浙江师范大学学报(社会科学版),2008(5):25-31.

周聿峨,罗向阳.论海外华文教育与中国汉语推广[J].贵州社会科学,2008(6):119-124.

耿红卫.海外华文教育的演进历程简论[J].民族教育研究,2009(1):116-123.

李明欢,黄猷.海外华人族群文化与海外华文教育[J].福建论坛(人文社会科学版),2009(11):108-113.

庄国土.东南亚华侨华人数量的新估算[J].厦门大学学报(哲学社会科学版),2009(3):62-69.

李明欢.海外华人移民的现代篇[J].读书,2009(8):74-81.

胡春艳.全球化进程中海外华文教育的含义嬗变及其历史分期——以东南亚地区为例[J].东南亚研究,2009(4):64-68.

余　岚.海外华文教育发展的对策研究[J].教育探索,2009(5):64-65.

贾磊磊.跨界与整合:国家文化软实力的研究路径[N].光明日报,2009-12-15(11).

陈　遥.中国在东南亚的软实力与华侨华人的作用——国际关系学和华侨华人学整合的视角[J].华侨大学学报(哲学社会科学版),2010(2):82-88.

孙汝建.华文教育的现象与本质[J].华侨大学学报(哲学社会科学版),2011(1):70-75.

唐燕儿,程　辰.华文教育与华文教学:差异与关系之辩[J].华南师范大学学报(社会科学版),2012(2):40-44.

刘　华,程浩兵.近年来海外华文教育发展的现状、问题及趋势[J].东南亚研究,2014(2):82-88.

曹云华.东南亚华文教育的过去、现在与未来:国家间关系的视角[J].东南亚研究,2015(1):66-74.

陈鹏勇.华文教育的侨务公共外交功能论析[J].东南亚研究,2015(6):79-85.

吴应辉.东南亚华文教育发展问题的表象、本质、措施与机遇[J].浙江师范大学学报(社会科学版),2016(1):8-13.

裘援平.振兴华文教育事业　助力中华民族复兴——《世界华文教育年鉴》序言[M]//贾益民.世界华文教育年鉴(2017).北京:社会科学文献出版社,2017:1-4.

贾益民.新时代世界华文教育的新发展[M]//贾益民.世界华文教育年鉴(2017).北京:社会科学文献出版社,2017:1-5.